LUCIANA FISHER

sob a superfície

Uma publicação de Ink, Fire & Rebellion
Ilustração e Design: Lane Guedes
Editor: Eleana Norton
Diagramação: Lane Guedes
Edição: 1ª edição traduzida, 2025
Tradução: Luciana Fisher
Título Original: Beneath The Surface
Idioma Original: Inglês
ISBN: 979-8-9992954-1-5

Fundo Beneath the
Surface de Luciana Fisher
para Sobrevivência & Neurodivergência

Uma parte da receita líquida de cada venda qualificada apoia causas relacionadas ao câncer de mama e à dislexia/ neuro divergência, em caráter perpétuo, conforme estabelecido no Acordo Operacional legalmente vinculativo da Luciana Fisher Ltda.

ÍNDICE

AGRADECIMENTOS

Àqueles que moldaram minha jornada — sua presença, seja passageira ou constante, deixou uma marca indelével. À minha família, amigos e leitores: obrigada por seu amor, incentivo e fé no poder das palavras.

Ao meu editor, colaboradores e colegas criativos que me guiaram com sabedoria e gentileza — vocês me ajudaram a encontrar clareza na vulnerabilidade.

Aos que compartilharam suas histórias comigo ou inspiraram estas páginas, sou eternamente grata.

E, por fim, àqueles que me deram coragem para escrever novamente — esta coletânea carrega pedaços do seu encorajamento em cada linha. Obrigada por acreditarem em mim.

À Minha Criança Interior,
Que sempre quis escrever —
Aqui estamos.
Obrigada por nunca desistir do sonho,
pelas pistas, sussurros, empurrões e gritos ao longo dos anos,
e por acreditar que palavras poderiam curar e conectar.
Isto é para você.

PREFÁCIO

Sob a Superfície começou como fragmentos de pensamentos rabiscados em diários, momentos capturados nas margens da vida cotidiana. Esses poemas emergiram das minhas maiores alegrias, medos silenciosos e das lições que a vida sussurrou — às vezes gritou — na minha direção.

Esta coletânea é uma exploração, um acerto de contas e um abraço. É sobre navegar pelas complexidades da vida, celebrar sua beleza passageira e encontrar força na vulnerabilidade.

Estou refletindo sobre minha própria história, mas também convido você a refletir sobre a sua. Que estas palavras te encontrem onde você estiver, oferecendo consolo, coragem ou apenas um momento de pausa.

Obrigada por me deixar compartilhar esta jornada com você.

SOBRE A AUTORA

Luciana Fisher é poetisa, escritora e contadora de histórias cuja obra explora temas como amor, perda, identidade e transformação. Nascida no Brasil e vivendo nos Estados Unidos, Luciana se inspira em experiências pessoais, observações sensíveis e reflexões profundas, unindo sua bagagem multicultural a uma exploração íntima das emoções humanas.

Atualmente cursando Ciências Sociais com concentração em Economia na Universidade de Nova York (NYU), Luciana reacendeu sua paixão pela poesia após encontrar consolo e propósito na escrita ao ser diagnosticada com câncer. Suas obras já foram apresentadas em simpósios e publicações, e Sob a Superfície marca sua estreia como coletânea poética.

Quando não está escrevendo, Luciana gosta de ler e apresentar seus textos ao vivo em Nova York, de se conectar com a natureza e de passar tempo com seus amados cães, Stitch e Spidey. Exploradora vitalícia das narrativas em todas as suas formas, ela acredita no poder transformador da vulnerabilidade para curar, conectar e inspirar. Por meio de suas palavras, Luciana convida os leitores a abraçarem suas próprias verdades e a descobrirem a beleza da autenticidade.

Cada poema conta uma história, e ainda assim, cada um guarda uma história dentro de suas linhas.
Obrigada por tirar um tempo para olhar além das linhas comigo. Espero que você aproveite a jornada.

— Luciana Fisher

POR QUE IR ALÉM DAS LINHAS?

A seção "Além das Linhas" é meu convite para você entrar na conversa e no meu processo criativo. A poesia é profundamente pessoal, mas também floresce na conexão. Ao compartilhar a inspiração, a construção e os temas por trás de cada poema, espero criar um espaço onde você possa explorar não só minha jornada, mas também a sua.

Escrever, para mim, é um diálogo — uma forma de deixar uma marca e se conectar com os outros por meio do poder atemporal da narrativa. Que estas reflexões líricas sejam uma porta aberta para você interagir com as palavras, emoções e verdades que ressoam em seu íntimo.

Se sentir vontade de me escrever, por favor, escreva. Adoraria ouvir de você: *hello@lucianafisher.com* ou IG: *@lbfisher*

Na vulnerabilidade reside um poder inimaginável,
Para curar, conectar e romper o molde.

AS TEMPESTADES SILENCIOSAS QUE NAVEGAMOS
Resiliência e crescimento

O Grande Mar Que Eu Navego

O mar
que navego
é silencioso.
Tão silencioso — que quase me enganou.
Não exigiu licença nem permissão.
Veja bem,
O. oCeano. que. eu. navego.
é. silencioso.
Ele não se importa —
se eu navego ou afundo,
Tomando,
em alta velocidade,
cada célula
dentro de mim

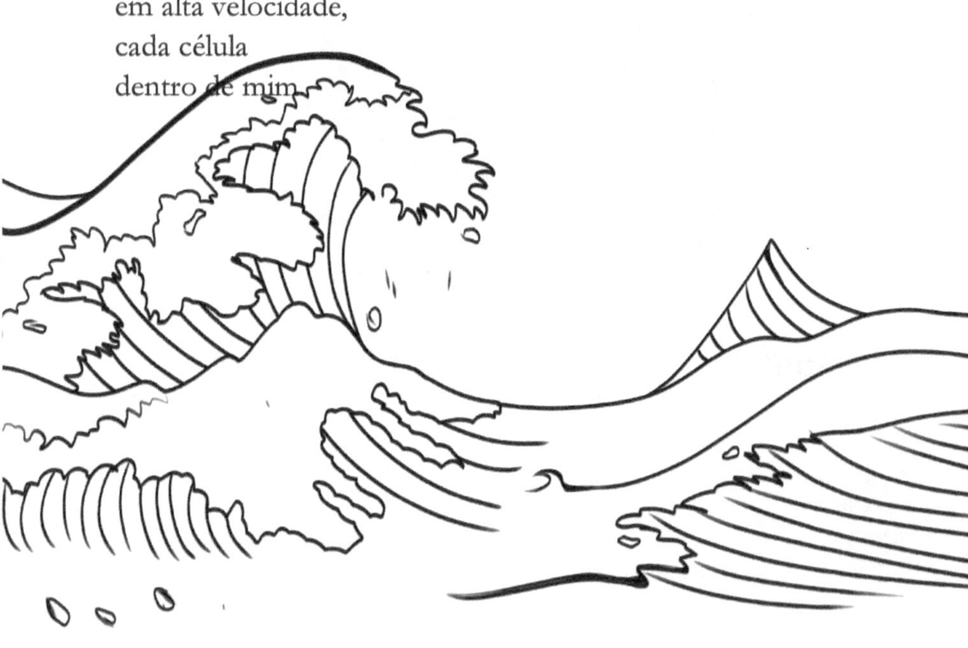

Infelizmente,
mais mulheres
Serão sequestradas por esse maldito oCeano —
Mas nossas rotas
não se parecerão com nenhuma outra.
Pois o grande mar
que navegamos
é silencioso,
e a tripulação,
um exército valente —
de uma só.

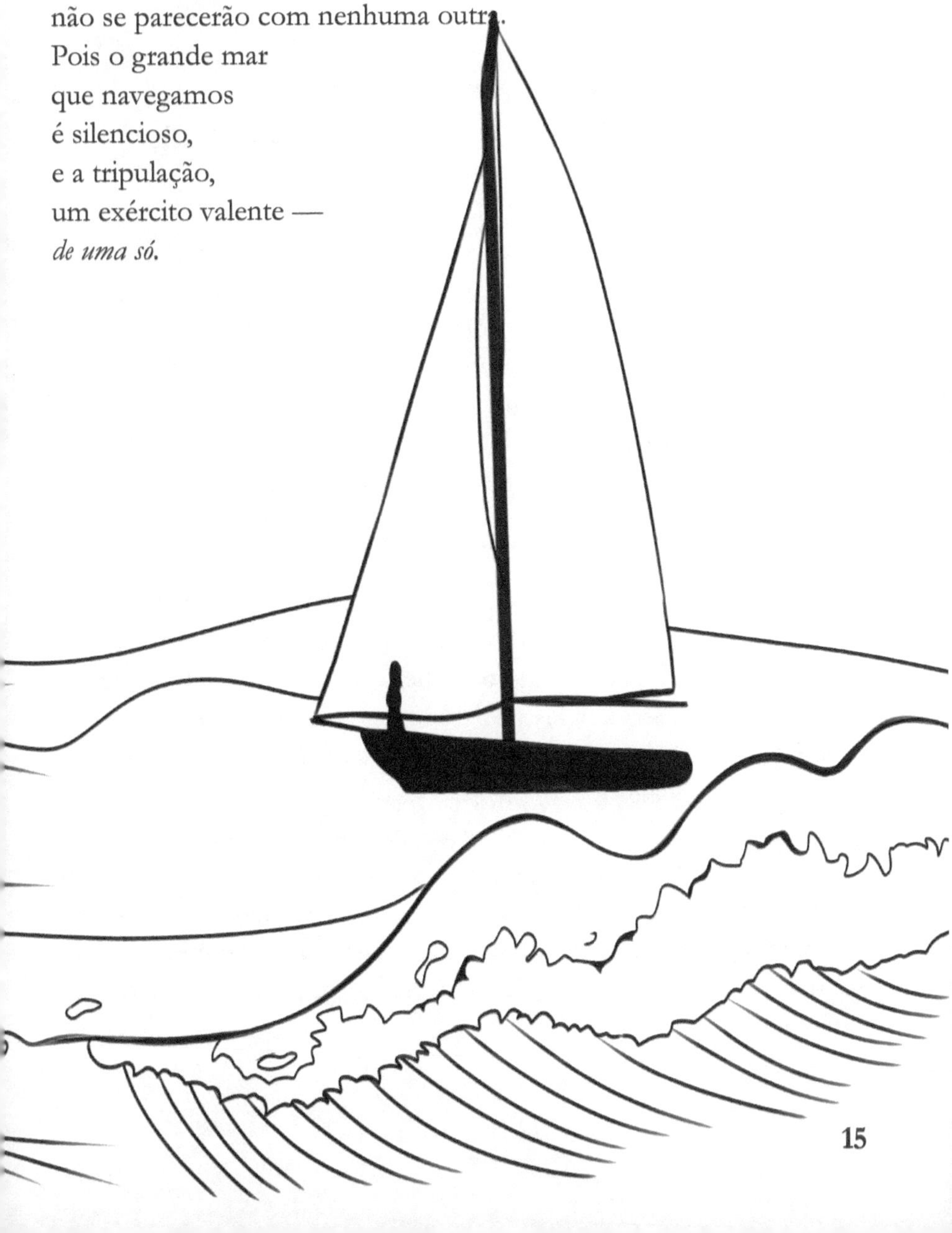

O GRANDE MAR QUE EU NAVEGO
POR TRÁS DAS LINHAS:

Em *O Grande Mar que Eu Navego*, busco capturar a solidão e a resiliência necessárias para enfrentar as batalhas silenciosas da vida. A imagem náutica reflete o vai e vem das ondas, simbolizando as marés de medo e força. A estrutura do poema acompanha esse ritmo, com pausas deliberadas e cadência que mergulham o leitor na incerteza de águas desconhecidas. A repetição enfatiza o caráter cíclico dessas lutas, enquanto a metáfora da "tripulação de uma só" destaca a solidão dos combates interiores.

O mar é silencioso porque, para muitos, essas batalhas — como o câncer — infelizmente chegam sorrateiras, invisíveis, mas têm o poder de virar a vida de cabeça para baixo. A frase "Não exigia licença nem permissão" traduz essa invasão inesperada — ninguém escolhe esse caminho, e ninguém está verdadeiramente preparado para ele.

"Ele não se importa — se eu navego ou afundo" revela a crueldade indiferente do desafio. Personifiquei o mar como um adversário, uma força que toma o controle. A expressão "Tomando, em alta velocidade, cada célula dentro de mim" reflete a natureza invasiva e rápida do câncer, que toma o corpo sem trégua.

O poema também toca na dualidade da água: um desafio diante do vasto mar imprevisível, mas também uma fonte de cura e consolo. Durante a quimioterapia, muitas noites sem dormir me levaram à banheira, onde eu usava a água para regular a temperatura do meu corpo. Foi ali, na escuridão e no silêncio, que esse poema nasceu.

Quando escrevi "Mais mulheres vão ascender ao Oceano — mas nossas rotas não se parecerão com nenhuma outra", pensei nas jornadas únicas que tantas mulheres enfrentam — pelo câncer ou outras batalhas. Nenhum caminho é igual, mesmo quando as tempestades parecem similares.

O título faz um jogo com o som entre "C" e "Sea" (mar, em inglês), trazendo simbolismo aberto. Para mim, o C representa o câncer, mas o significado agora é seu. Pode simbolizar câncer, mudanças, desafios — ou outra coisa completamente sua.

Este poema convida o leitor a refletir sobre suas próprias tempestades e como navega por elas. Não é apenas sobre isolamento — é sobre a força silenciosa que carregamos dentro de nós, muitas vezes sem perceber. *O Grande Mar que Eu Navego* é meu reflexo pessoal, mas espero que ressoe com todos que enfrentaram um desafio que jamais escolheram.

Reflexão do Leitor:
Quais tempestades em sua vida testaram sua resiliência, e como você encontrou forças para continuar navegando por elas?

Aos meus companheiros de batalha,
Que navegam por tempestades que nunca escolheram —
Que encontrem força em cada onda,
Esperança nos céus mais escuros,
E coragem para reescrever sua própria história.
Essa jornada não nos define,
Mas revela a resiliência que existe dentro de nós.
Você não está sozinho.
— **L.F.**

Maquiagem

Eu não uso mais maquiagem.
Nem na pele,
bochechas, nariz ou queixo,
    mas nos lábios.
Não, eu não uso maquiagem.
— *Pode tocar.*
    Estou tão crua e exposta quanto alguém pode testemunhar
— ou ousar encarar!
Também não suavizo mais minhas palavras!
Que, como minha letra horrível,
já não tenho vergonha de mostrar.
Não. Nada de maquiagem.
Sou desigual,
Não há contorno
nestas rugas cruas
minhas,
que embora ainda poucas,
não são menos reais do que as muitas camadas
de pó compacto
que eu usava para esconder a idade —
ou a raiva —
de ter que mostrar minha melhor face
pela necessidade urgente de impressionar.
    Porque a base
    da minha fundação era frágil,
tornando a conexão entre minha mente e meu coração
nebulosa.
— *Consegue sentir? — a mudança vinda de dentro?*
    Não, eu não uso mais maquiagem!
Porque já não preciso de uma máscara

para esconder
que
sou um caos.
E também porque não me importo mais
se você vai me amar ou
gostar de mim um pouco
mais
ou — *um pouco menos.*
     Eu faço isso por mim.
Para me tirar da prateleira,
e romper com a casca.
Não. Eu. Não. Uso. Maquiagem.
Escolho me apresentar nua,
     sem maquiagem no rosto,
na alma, nem na ponta da caneta
que uso
— *com prazer* —
para me libertar de toda dor.
Pronta para compartilhar
e aceitar
tudo o que sou
e permaneço sendo,
sem *filtros* e sem refinamento,
     Sem medo
de me molhar
na chuva.
Porque
eu não carrego mais — vergonha alguma.
     Ainda sou a mesma,
Mas
não, eu não uso mais maquiagem;
Porque já não preciso maquiar
quem eu sou

MAQUIAGEM
POR TRÁS DAS LINHAS:

Maquiagem nasceu num momento de pura espontaneidade. Um parente me perguntou se eu havia separado maquiagem para uma saída à noite, e sem pensar respondi: "Eu não uso maquiagem." Essa troca simples despertou algo profundo dentro de mim, e em vez de sair correndo pela porta, corri para escrever. As palavras vieram de uma vez só, cruas e sem filtros. Não há maquiagem no próprio poema — assim como sua mensagem, ele é honesto e verdadeiro.

A metáfora da maquiagem representa as camadas que usamos para atender às expectativas sociais — as máscaras que vestimos para caber ou esconder partes de nós mesmos. Descobri que, ao retirar essas camadas, encontramos algo muito mais poderoso: nosso eu autêntico. O uso de termos como *"base"* (base) e *"fundação"* (foundation) foi proposital por serem o alicerce de uma estrutura saudável, e também usado na construção de uma boa maquiagem.

Ter uma base interna sólida significa saber, de verdade, quem somos.

A água no poema simboliza renovação e limpeza, mas, acima de tudo, liberdade — a liberdade de se molhar na chuva sem medo de se desfazer. Não se trata apenas da maquiagem que escorre — trata-se de soltar o medo. De manter-se firme porque você sabe quem é e o seu verdadeiro valor. Isso também reflete minha escrita — a forma como aprendi a não temer expor meus pensamentos com sinceridade. *Esta sou eu. Despida. E sem desculpas.*

Eu quis que esse poema refletisse um mundo onde a autenticidade se torna cada vez mais rara, e lembrar a quem o lê que a beleza não está nos filtros ou nas máscaras. Ela já habita em nós.

Este poema é minha maneira de celebrar a força que surge ao ser real, ao abandonar as camadas que não nos servem mais, e ao assumir quem somos. Você não precisa se parecer com ninguém. Nem impressionar ninguém. Seu superpoder é ser exatamente quem VOCÊ É.

Reflexão do Leitor:
Quais "bases" ou "máscaras" sociais você usa para navegar no mundo? E como sua vida poderia mudar se você abraçasse sua verdade crua e sem filtros — sem medo de se despedaçar?

Vnvdeoi cm Dxlsiaie

Nmeo tdoos pdoem
xpeerencair o mnudo
cmoo vcoê.

Exsetem pessosa neste mdnuo cmoo eu
que não cnoesguem erl cmom voêc.

Lveo o dbro do tpmeo
pra ler qqeur coias,
por mais slimpes
que ela jesa raap ouart psssoa

Acidtree me mmi:
Vevir cm Dxlsiaie é dcfíil.

Mas é na rraga
da mnha alma
que ecnontro a froça
pra sevguir e frolsperar.

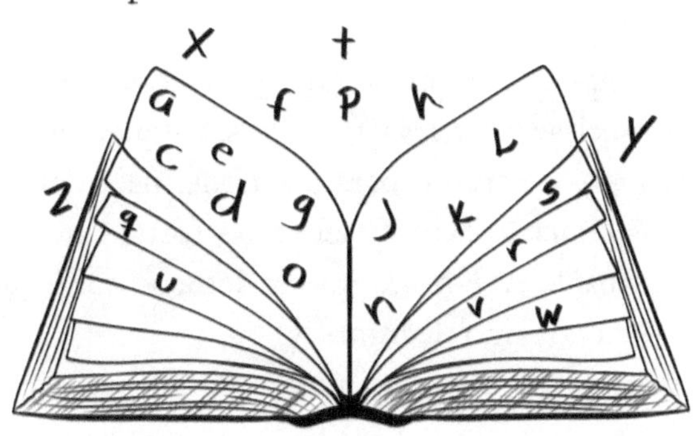

VNVDEOI CM DXLSIAIE
POR TRÁS DAS LINHAS:

Este poema toca profundamente na experiência de viver com dislexia, capturando não só a dificuldade técnica de ler e escrever, mas também a frustração e a resistência que acompanham essa jornada. É um reflexo da determinação que reside dentro de cada indivíduo que enfrenta essa condição, mostrando que, apesar dos obstáculos, é possível prosperar e alcançar os sonhos mais almejados.

Vnvdeoi cm Dxlsiaie procura expressar como é viver com dislexia. Não se trata apenas da dificuldade de ler ou escrever — é sobre a frustração, a paciência e a garra necessárias para navegar por um mundo que, muitas vezes, parece não ter sido feito para pessoas como eu.

Cresci numa época em que se falava pouco sobre dislexia. Por ler devagar ou precisar reler frases inteiras, frequentemente eu era colocada de castigo, de frente para a parede, na frente de toda a turma. As outras crianças riam. Criei várias formas de me adaptar, de parecer "normal". Até hoje, minha letra é quase ilegível — muitas vezes, só eu consigo decifrar.

Mas eu não deixei isso me parar. Hoje, sou estudante da universidade dos meus sonhos: a NYU. Falo e escrevo fluentemente em dois idiomas e ainda me comunico em espanhol e um pouco de francês. *Não deixe nada te parar. Nunca.*

As palavras embaralhadas neste poema refletem exatamente como o texto aparece no meu cérebro. O que parece simples para alguns pode ser uma escalada para mim. Mas foi enfrentando esses desafios que descobri minha força, minha garra e minha vontade de seguir em frente.

Este poema é sobre florescer apesar da dificuldade e encontrar valor na forma única como cada um de nós enxerga o mundo. E, como desafio, deixo que você decifre este aqui por conta própria.

Reflexão do Leitor

Como você reage aos desafios que te fazem sentir diferente ou incompreendido? Já precisou desenvolver estratégias criativas para superar uma dificuldade que outros talvez nem percebam? Pense em um momento em que você encontrou força justamente naquilo que antes via como uma limitação.

Urgência

Eu escrevo com uma urgência
desconhecida pelos homens.
     Por mais insignificante que eu seja,
     eu escrevo por cada mulher, homem e criança
que nunca pôde carregar uma caneta.
Com o propósito da *alma*
de *corrigir* os erros
que os deixaram sem chance
de deixar em tinta uma marca própria.
Com esperança,
eu escrevo para inspirar.
Saboreando cada consoante e vogal,
ligando uma à outra num casamento
que forma sons —
     um prazer que muitos ainda não conhecem.
Para desafiar o tempo, deixarei
em tinta, uma marca minha.
Um protesto!
Um manifesto, por assim dizer.
Deem a cada mulher, homem e criança uma caneta, eu exijo!
Que possam pensar e escrever
uma história própria!
Que ninguém permaneça desconhecido.
Eu escrevo com urgência.
     Boa ou ruim,
     eu escrevo com urgência.
Deixando frotas de palavras se encontrarem
com a noção completa de que o tempo é limitado.

Então, quando eu for,
     deixarei em tinta,
não uma vida,
mas uma coleção de pensamentos
que merecem ser conhecidos.
Deem a cada mulher, homem e criança uma caneta, eu exijo!
     Deixem que escrevam um poema próprio!
E, meu Deus, *por favor!*
Que nenhuma escrita permaneça desconhecida!

 LUCIANA FISHER

URGÊNCIA
POR TRÁS DAS LINHAS:

Urgência é meu manifesto sobre o poder transformador da escrita e da expressão. Escrever, para mim, não é apenas uma ferramenta — é um ato essencial de existência. É como garantimos que nossas vidas, pensamentos e experiências ressoem além do corpo físico. No fundo, este poema *fala sobre o propósito da alma de contar histórias: essa necessidade profundamente humana de compartilhar, conectar, ser compreendido — e, quem sabe, ser lembrado.*

Como a maioria dos meus textos, este veio de um lugar pessoal e apaixonado. Quis lembrar a mim mesma — e a todos — que qualquer pessoa, independentemente das circunstâncias, merece ter acesso às ferramentas, oportunidades e à educação para deixar sua marca no mundo. Nenhuma história deveria ficar sem ser contada. Nenhuma voz sem ser ouvida. Escrever, seja num diário, num guardanapo ou num poema, é como garantimos que nossa presença perdure nos corações e mentes dos outros.

As imagens neste poema refletem a intensidade da minha crença nesse chamado à ação. Canetas e papel tornam-se ferramentas de libertação e legado. O jogo de palavras entre *write* (escrever) e *right* (corrigir, reivindicar) reforça minha convicção de que escrever não é apenas um ato de criação — é também uma forma de justiça e verdade. O ritmo e a repetição foram intencionais, pensados para criar uma sensação de urgência, ecoando o impulso que sinto quando as palavras pressionam por sair, exigindo ser escritas.

Urgência não é só um reflexo do meu desejo de criar — é um grito de guerra para qualquer um que já sentiu a necessidade de ser visto e ouvido. É um lembrete de que sua voz importa, sua história importa, e que você pode deixar algo duradouro neste mundo. Ninguém precisa ser poeta para escrever — basta escrever. *Eu recomendo.*

Reflexão do Leitor

Que legado você deseja que suas palavras deixem? De que forma expressar sua verdade autêntica pode ajudar você — e outros — a se sentirem vistos, ouvidos e conectados? Qual é a sua urgência?

Memórias de uma Criança Interior

Já morei em muitas casas,
        mas nunca tive um lar.
O saco plástico onde eu guardava meus pertences me ajudava
fielmente
a ir daqui
pra lá,
        enfrentando o desconhecido.
(Como será ter um lar?)
Cresci cercada de pessoas, mas sempre estive sozinha.
(Como é nunca estar sozinho?)
Noites seguidas, minhas mãos pequeninas agarravam as grades
frias da janela, esperando que o vento levasse meus gritos!
        "Mãe! Por favor, volta pra casa!"
(Como é ter uma mãe?)
Olhando pela janela, eu via pessoas passando
e me perguntava: qual deles seria meu pai?
(Como é ter um pai só seu?)
Você sabe como é? Para uma criança?
Navegar por este mundo sozinha?
Dei nomes aos objetos e lhes dei vida.
Na minha cabeça, eles viravam minha família disfarçada.
(Como é ter uma de verdade para te abraçar?)
Montei meu prato com restos
enquanto meus pés sangravam, esmagados pelos sapatos doados e
gastos.
        Ninguém parecia notar que eu havia crescido.

Dormia no chão porque não tinha uma cama só minha
(Como é ser colocado na cama com uma história antes de dormir?)
Nunca tive uma festa de aniversário, nem bolo, nem presente pra

chamar de meu.

(Alguém poderia, por favor, descrever como é uma criança soprar velas e fazer pedidos enquanto outros celebram — a vida DELA?!)

Brincava descalça com outras crianças até escurecer.

Sempre torcia para ser convidada a entrar quando os pais delas as chamavam para casa.

Assim, por um instante, eu poderia brincar de faz de conta

E ver como era

ter um jantar, não uma fatia,

e sentar à mesa com uma mãe, um pai, e um irmão ainda vivo.

Você sabe como é? Para uma criança?

Navegar por este mundo sozinha?

Obrigada, *"mãe"*.

Obrigada, *"pai"*.

Vamos brincar novamente desse jogo sem fim amanhã.

Mas agora preciso voltar.

Para a casa,

que nunca

será um *lar.*

MEMÓRIAS DE UMA CRIANÇA INTERIOR
POR TRÁS DAS LINHAS:

Memórias de uma Criança Interior é profundamente pessoal para mim. Reflete o anseio, a resiliência e a dor que vivi ao crescer sem a estabilidade de uma família tradicional. Toca em temas universais como trauma, abuso infantil, negligência e abandono. Escrever este poema foi minha maneira de dar voz à minha versão mais jovem — de expressar emoções que por muito tempo ficaram enterradas. É a minha história: crescer sem conhecer meu pai, perder meu irmão mais velho para a violência nas ruas do Brasil quando eu tinha apenas 12 anos, e ver minha mãe tentando me criar da melhor forma, mesmo sendo tão jovem. Já perdoei os dois. Meu pai já faleceu, e hoje tenho uma ótima relação com minha mãe — algo que minha jornada com o câncer possibilitou. E tem também o Gabriel, meu irmão mais novo, que nasceu no mesmo dia em que meu irmão mais velho morreu, quatro anos depois; ele trouxe luz e cura para minha vida.

Naquela época, não era incomum ver crianças deixadas por conta própria. Minha mãe e os irmãos dela também foram, assim como meus avós e bisavós. Era um ciclo de trauma sendo passado adiante. Minha mãe fez o melhor que pôde com o peso da própria história.

As perguntas do poema são cruas e diretas porque vêm da criança que eu fui — sempre perguntando, sempre querendo entender. São o tipo de perguntas que nem sempre têm resposta. E quando dei vida aos objetos no poema, foi minha maneira de mostrar como eu lidava com tudo aquilo. Eles se tornavam minha família, meu refúgio, já que eu não tinha o real.

Até o ritmo do poema imita o jeito que eu pensava naquela época — fragmentado, confuso, tentando entender tudo ao meu redor.

Este poema é sobre pertencimento — ou a falta dele — e sobre como as experiências da infância não desaparecem quando crescemos. Se não as enfrentarmos, elas continuam conosco, moldando quem somos. Quis me conectar com quem já enfrentou batalhas invisíveis e lembrar: mesmo nos momentos mais difíceis, a gente encontra um jeito de sobreviver. A resiliência pode se transformar em algo mais forte — e pode nos guiar rumo à cura.

Se você também passou por algo assim,
Você. Não. Está. Sozinho.

Reflexão do Leitor

Quais memórias da sua infância ainda moldam quem você é hoje? Que feridas ou traumas você ainda carrega? Como revisitar e acolher sua criança interior pode te ajudar a encontrar compreensão, cura e força ao longo da sua jornada?

O Poder da Gratidão

Gratidão é Alegria.

Ela abrange tudo,
irradiando com a essência da Vida.
      Um sentimento genuíno e completo de apreciação
      que acende uma chama brilhante,
      emanando do seu peito,
      deixando um sorriso no seu rosto.

Gratidão é Paz —
Uma sensação avassaladora e silenciosa de contentamento
      Como o som contínuo e sereno de um rio correndo,
      Ou o ruído branco das cachoeiras,
Esvaziando sua mente, convidando o silêncio a nutrir as raízes do
seu ser.

Deve ser praticada como um mantra:
      Grato por estar vivo.
      Grato por estar saudável.
      Grato a — e por — você.

Pela sua presença —
seja breve ou duradoura,
pelos momentos que compartilhamos,
e pelas formas como você tocou minha vida,
      sou grato.

Agradeço pelas lições que me ensinou,
e pelas revelações sobre o que realmente importa.
Sou grato pela pessoa que sou e pela pessoa que *estou me tornando.*
Gratidão transforma o comum em extraordinário.

É um investimento no Banco da Autodescoberta,
onde Amor, Empatia, Gentileza, Esperança e Compaixão
são as moedas que alimentam a Alma.

Então, hoje — e todos os dias —
carrego a gratidão no coração —
deixando que ela me guie,
me ancore,
me eleve,
e me lembre do presente e do poder do *Agora.*

O PODER DA GRATIDÃO
POR TRÁS DAS LINHAS:

Escrevi *O Poder da Gratidão* no dia em que minha tia Maria de Lourdes partiu para Londres. Ela pausou sua vida no Brasil para vir a Nova York cuidar de mim durante quase cinco meses, em um dos meus muitos procedimentos reconstrutivos após o câncer. Durante sua estadia, ela se tornou uma das maiores incentivadoras do meu estilo de escrita cru, sem filtros e autêntico. Quando ela foi embora, a casa ficou mais vazia — mas meu coração, muito mais cheio. O amor e a generosidade dela me lembraram como a gratidão pode preencher os espaços deixados pelos desafios da vida.

A gratidão mudou completamente a forma como vejo o mundo — até mesmo como encaro as dificuldades. Sou grata até pelo câncer. O câncer me ensinou resiliência, me deu uma nova apreciação pela vida e revelou forças que eu nem sabia que possuía. Também me ajudou a reconstruir pontes com minha família, permitindo reconexões que eu achava impossíveis. Sem ele, este livro nem existiria. O câncer mudou minha perspectiva, me ajudando a enxergar beleza nos pequenos detalhes e a entender que cada respiração é um presente. Era isso que eu queria refletir no poema.

No poema, uso a metáfora de um banco para mostrar como a gratidão se acumula aos poucos, como depósitos em uma conta. Esses pequenos momentos de agradecimento formam um saldo capaz de nos sustentar mesmo nos dias mais difíceis. Também optei por escrever palavras como Gratidão e Alma com letra maiúscula, porque para mim elas são maiores que simples palavras. São pilares — fundamentos que me sustentam.

Escrever este poema foi minha forma de homenagear não apenas minha tia, mas tudo e todos que moldaram minha trajetória. A gratidão se tornou meu leme e minha âncora, me guiando entre os altos e baixos. Minha esperança é que este poema lembre quem o lê de que, mesmo nos momentos mais escuros, sempre há algo a agradecer — e que a gratidão tem o poder de curar.

Reflexão do Leitor

Pense por um instante: Como adotar a gratidão como estilo de vida poderia transformar a forma como você enxerga a si mesmo, seus desafios e o mundo ao seu redor?

Quais são os pequenos momentos que você pode começar a valorizar — hoje?

É preciso romper a armadura,
para deixá-la exposta.
Para permitir que o mundo entre.
Para mostrar que nos importamos.
É preciso se render, confiar e oferecer
A vulnerabilidade da nossa alma — com graça.

ESPELHOS E SOMBRAS
Identidade e Autodescoberta.

Identidade: Debaixo de Você

Eu,
eu,
caí no meio
Silenciosamente escondida
Esquecida no centro.
Apertada nas lacunas
Entre os seus cortes, estalos
E as rachaduras deixadas pelas explosões dos seus enigmas.

Olhando para você em busca de pistas
Esperando por sinais
Para que eu pudesse me adaptar de forma
Em quem você queria que eu fosse —
Para não pesar sua vida
Com a minha.

Fico aqui em silêncio,
O nó na garganta — escondido,
Esquecida no meio
Dessa bagunça emocional,
Pisando leve como o ar
Para não quebrar os ovos
Que você cuidadosamente espalhou por todos os cantos.

Mas eu não sei
Quanto mais disso eu aguento
Antes de me partir —
Estilhaçada, bem aqui, no meio.
Quem sou eu hoje?

Quem você quer que eu seja?
Se isso significa
Voltarmos ao começo —
Quando eu
Era suficiente,
E suas palavras pingavam
Nada além de
Mel
Doce e puro
Sobre mim.

IDENTIDADE: DEBAIXO DE VOCÊ
POR TRÁS DAS LINHAS

Identidade: Debaixo de Você expressa o que significa perder a si mesma sob o peso das expectativas de outra pessoa — especialmente quando o amor que você recebe vem com condições. Escrever esse poema foi difícil, mas necessário. Ele me permitiu nomear os sacrifícios silenciosos, a raiva contida nas fissuras, e o cansaço exausto de tentar se moldar a alguém que só te ama quando você se encaixa em algo que não é você.

A imagem de "pisar leve para não quebrar os ovos" é literal na minha memória emocional. Cada movimento precisava ser calculado para manter a paz — mesmo que isso me custasse pedaços de mim mesma. A estrutura do poema reflete essa tensão: começa com contenção e, pouco a pouco, vai se fragmentando — até estilhaçar no meio, como diz a própria voz poética.

O final — aquele mel "doce e puro" — fala sobre a fase inicial de uma relação, quando tudo parece encantador. Mas esse doce logo escorre como máscara, revelando manipulação por trás da ternura. Até o mel pode envenenar, se for usado como armadilha.

　　　LUCIANA FISHER

As perguntas: *"Quem sou eu hoje? Quem você quer que eu seja?"* me acompanharam por muito tempo. São reflexos do dilema de tentar se manter inteira enquanto se é constantemente puxada para um papel que te esvazia. Até os silêncios no poema carregam esse peso — o de quem engole palavras para não desagradar.

Escrever esse texto me ajudou a ver onde eu havia desaparecido no meio disso tudo. Foi um passo importante para me lembrar de quem eu era antes de me adaptar para ser "amada".

Espero que *Identidade: Debaixo de Você* fale com quem já se sentiu diminuído ou moldado por uma relação tóxica. E que sirva de lembrete: você pode se reconectar com quem você é. Amor de verdade não exige que você se apague.

Reflexão do Leitor

Quais partes de você foram escondidas ou silenciadas para manter a paz ou ser aceito?

Como você pode começar, hoje, a honrar e resgatar essas partes esquecidas?

Você está em um relacionamento — seja com outra pessoa ou consigo mesmo — que nutre sua autenticidade e bem-estar?

Nota para Mim Mesma

Dentro de mim
Nunca me deixando em paz,
Me prendendo *"no meu lugar."*
Círculos sem fim nessa corrida.
Podando minha coragem,
Subestimando minha inteligência,
Limitando incansavelmente minhas habilidades —
Inexplicavelmente
Se esforçando
  Tanto
 Para me sabotar, sem me deixar respirar!
  — Basta!
Você não manda mais em mim!
Afaste-se, recue
  — Sra. In-se-gu-ran-ça!

NOTA PARA MIM MESMA
POR TRÁS DAS LINHAS

Nota para Mim Mesma é um enfrentamento direto com minha voz interna — aquela voz cruel que me limita, sabota e insiste em me manter pequena. Essa voz tem nome: *Sra. Insegurança*. Escrevê-la foi um ato de coragem. Foi como olhar essa presença nos olhos e, pela primeira vez, dizer: "Chega. Você não manda mais aqui."

Cada linha reflete o turbilhão que essa voz causa — a repetição, o cansaço, o looping constante de autossabotagem. Por isso, usei imagens como "círculos sem fim" e a construção crescente até o grito de "Basta!" — porque é assim que se sente por dentro. E porque libertar-se também é um ato de exaustão.

A quebra vertical no meio do poema, com a palavra "Tanto" isolada, foi intencional. Quis mostrar visualmente o peso de se viver tentando escapar de si mesma — ou melhor, dessa parte de si que mente, duvida e diminui. A escolha por "Sra. In-se-gu-ran-ça" como personagem silábica foi minha forma de nomear essa inimiga interna. Ao nomeá-la, eu a expulso. E, com isso, retomo o controle da narrativa.

Escrevi este poema para mim, mas também para quem já sentiu que sua maior prisão mora dentro da própria cabeça. Que ele sirva de lembrete: você pode romper esse ciclo. A voz da insegurança pode até continuar tentando — mas ela não precisa mais ser ouvida.

Este poema foi minha inscrição no primeiro concurso de poesia de 15 segundos da NPR.

Mesmo tendo que ser curto, eu queria que ele tivesse impacto — que mostrasse a força necessária para encarar a insegurança de frente.

Espero que ele inspire os leitores e os ajude a encontrar essa mesma força dentro de si.

Reflexão do Leitor

Como soa a sua voz interior — e de que formas ela tenta te sabotar? Consegue se lembrar de um momento em que você desafiou essa voz crítica e reivindicou seu poder? Qual sonho ela está te impedindo de conquistar? O que você pode começar a dizer a si mesmo hoje para se libertar da insegurança?

O paradoxo do Tempo

O que é o tempo, senão uma coisa elusiva e caprichosa?
Queremos mais dele — mas com mais dele, envelhecemos.
E ao envelhecer, temos menos tempo.
Que coisa elusiva,
caprichosa — o tempo é,
    foi,
        é,
           foi,
        é,
       foi,
      é,
           Instável,
              como
                 nós.
            Foi,
              é —
      Que coisa
        Elusiva
          Caprichosa
             O Tempo Foi — É —

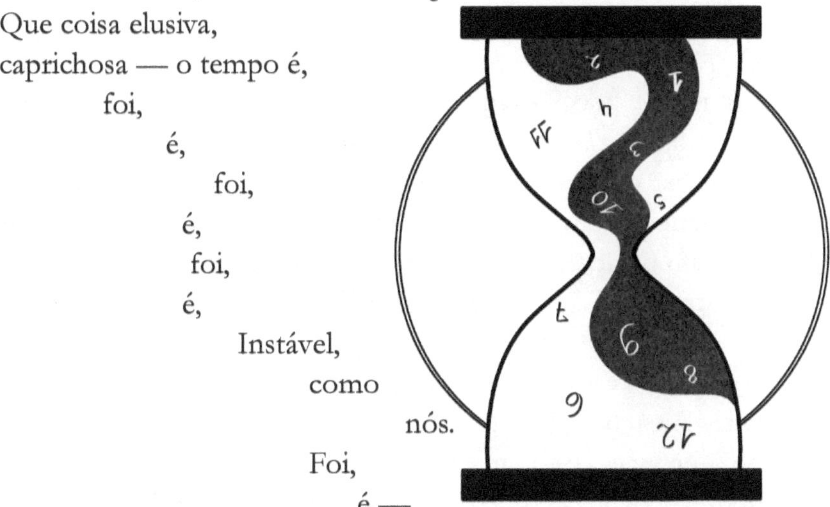

O PARADOXO DO TEMPO
POR TRÁS DAS LINHAS:

O Paradoxo do Tempo é uma reflexão sobre a natureza imprevisível e escorregadia do tempo. Escrevê-lo foi minha forma de lidar com o ciclo frustrante em que todos parecemos estar presos: queremos mais tempo — mas, ao tê-lo, também envelhecemos, e envelhecendo, percebemos o quanto o tempo é finito. É um paradoxo que pode nos enlouquecer... e nos fascinar.

A estrutura fragmentada e aberta foi intencional. Quis que o poema refletisse o vai e vem da própria experiência temporal — como o tempo escapa pelos dedos, enquanto permanece sempre presente. As repetições de "foi" e "é" imitam o tic-toc de um relógio que não cessa, mesmo quando tentamos pausar. Quis capturar essa dança entre o que já passou e o que ainda está aqui.

A palavra "caprichoso" foi uma escolha cuidadosa — o tempo, assim como nós, muda de ideia, se dobra, acelera ou arrasta, sem explicação. Essa instabilidade é espelhada nas quebras abruptas do poema — nas linhas que sobem, descem, hesitam.

Este não é um poema que busca definir o tempo. Ele apenas o observa. Ele o sente. Ele se perde nele. E talvez essa seja a única forma verdadeira de abordá-lo.

Reflexão do Leitor

Como o ciclo do tempo afeta a forma como você vive o presente? De que maneira suas experiências passadas moldam quem você é hoje — e como elas influenciam quem você está se tornando?

Quem Somos Nós?

Quem somos nós, senão uma coleção das nossas memórias?
Eu sou o bebê na janela,
A menina no chão,
A adolescente que sempre podia amar mais —
Cheia de esperanças e sonhos,
A mulher que perdeu um filho,
E mesmo assim aprendeu a cantar.

Sou uma multidão de eus e elas,
Confundidas em uma só:
Eu sou — Eu, ela e aquela
ou fui,
Há apenas um segundo;

Agora já sou alguém novo.
Agora penso coisas que minutos atrás não considerava.
Ainda sou eu? Sim. Mas já não sou.

Quem somos nós, senão uma coleção de pensamentos
E memórias?
Você se lembra?
Acho que me lembro de mim —
Mas quem eu era,
Quando era a menina no chão?
Eu sei que ela queria mais —
Ainda quero, e ela também.
Ao me permitir lembrar dela,
Consigo aprender mais sobre mim.

A pergunta permanece: *quem somos nós,*
Sem nossas vidas passadas, nossos eus antigos, nossas memórias?
Agora eu me lembro. Eu me lembro dela!
Fecho os olhos e a vejo com clareza — ela, eu —
"Olá, pequena, venha cá, criança. Finalmente te encontrei, a forma mais
pura e verdadeira de mim!"
Ao proteger sua memória e reacender suas esperanças e sonhos,
Finalmente resgatei a mim mesma.

Quem Somos Nós?
Somos uma coleção de pensamentos e memórias ancestrais,
Ansiando por serem libertas!

QUEM SOMOS NÓS?
POR TRÁS DAS LINHAS:

Quem Somos Nós? nasceu de uma jornada profunda de reconexão comigo mesma. Durante anos, partes minhas foram silenciadas — a criança esquecida, a adolescente cheia de amor, a mulher em luto. Esse poema é um reencontro com todas essas versões que, embora apagadas em diferentes momentos da vida, nunca deixaram de existir dentro de mim.

A nova estrutura reflete esse fluxo de consciência e memória fragmentada — como se o próprio poema estivesse costurando as camadas da minha identidade. As pausas, os recuos e os versos deslocados no espaço criam a atmosfera emocional exata que senti ao escrever: hesitação, descoberta, reconhecimento. A linha "Eu sou — Eu, ela e aquela" simboliza essa fusão de passados e presentes em uma só existência confusa, porém autêntica.

O trecho *"Olá, pequena, venha cá, criança. Finalmente te encontrei, a forma mais pura e verdadeira de mim!"* representa o clímax do reencontro. É quando a parte de mim que foi esquecida ou ignorada é finalmente vista — e resgatada.

Ao dizer *"Somos uma coleção de pensamentos e memórias ancestrais, ansiando por serem libertas"*, reconheço que minha identidade vai além de mim. Ela é tecida por quem veio antes — mães, avós, vozes esquecidas — e que agora querem falar por meio de mim.

Este poema é um gesto de cura. Um aceno à minha criança interior. Um convite à lembrança. E um lembrete de que, ao acolher quem fomos, resgatamos quem ainda podemos ser. Eu espero que ele também te ajude a se reconectar com suas partes esquecidas. Todas essas partes pertencem, e completam o quebra-cabeça de quem estamos nos tornando.

Versão original publicada na revista literária digital e internacional Black Horse Review em julho de 2025.

Reflexão do Leitor

Quais versões suas ainda vivem dentro de você, esperando ser vistas? Há uma parte esquecida? Talvez a criança, o adolescente, uma parte ainda em dor — que precisa ser acolhida com gentileza ou perdoada? O que aconteceria se, em vez de apagar o passado, você o olhasse nos olhos e dissesse: *"Eu me lembro de você. Eu te acolho, te perdoo, e agora, eu te trago comigo"*?

Línguas

Falo três Línguas

A primeira —
é o idioma da bossa nova,
Onde os "erres" vibram numa cadência
nascida do sal, da areia, do mar e do samba
Sob os braços abertos
do Cristo Redentor —

Um idioma torcido e reinventado
pelas línguas quebradas de um povo
arrancado de suas casas
e levado para terras distantes — terras roubadas.

Uma colônia —
de herança europeia e africana,
não enfraquecida,
mas enriquecida por sua diversidade.
Guiada pela pura necessidade
de cantar com o coração.

Desencadeando uma potência lírica
que não pode ser ignorada:
   Português Brasileiro.

A segunda —
É pragmática,
Com um sistema verbal complexo,
Que depende fortemente da ordem das palavras,
E mais ainda — da ordem mundial.
Uma língua rica,
de alcance global inegável,
e vasto patrimônio literário —
Brincalhona, mas direta.

Uma língua que todos e qualquer um podem falar,
Não que seja fácil — pois não é.
Mas pode ser diluída,
Por e para os iludidos,
Que acreditam que, por direito de nascimento,
a dominam:
    Inglês Americano.

Mas a terceira?
O terceiro é diferente.
A mais amada e bela —
Não é para os fracos de coração.
É dura e complexa.
Poucos conseguem falá-la,
ou escrevê-la,
quanto mais lê-la.
A maioria não o compreende:
    Poesia.

Falo, leio e escrevo em português.
— E em inglês.
E em algum lugar entre os dois,
Acontece um encontro de mentes,
Onde, na maioria das vezes,
é simples.
Eu codifico; você decodifica.
Você codifica; eu decodifico.
Está feito.
A comunicação acontece.

Mas a Poesia?
    Poesia é um língua solitária.
Eu a escrevo, eu a falo,
Eu a leio —

Todas as linhas, ao redor e por dentro delas.
Ela exige vulnerabilidade,
Uma mente e um coração abertos
Para captar suas nuances —
Descascar suas camadas —
Mas poucos têm tempo para decifrar seus encantos.

Para quem escreve,
        Romper a quarta parede
É como encontrar o norte sem bússola —
        Uma arte ancestral,
Uma ciência dos tempos
Em que viajávamos pelas constelações.

Um capitão sem navio,
Oferecendo um mapa,
Conectando letras como estrelas,
        Na esperança de guiar viajantes
Pelas águas turvas das metáforas
e dos simbolismos —
E às vezes,
Uma desavença com a *aliteração* —
Para encontrar o lugar
Onde todas as linhas se encontram — o porto.

Para descansar em paz
Sabendo que a mensagem — no papel, mas não na garrafa —
Chegou com segurança.
Mas nem todos conseguem decifrar o enigma
E alcançar a margem.
Não, poesia não é para os de coração fraco.
        Eu codifico,
Quem decodifica?
Tem alguém aí?
Tem?

LÍNGUAS
POR TRÁS DAS LINHAS

Línguas fala sobre os três idiomas que moldaram quem sou: o português, o inglês e a poesia. O português foi o primeiro, é onde estão minhas raízes. Carrega a riqueza da minha cultura e as complexidades da minha identidade. O inglês veio depois, e levou tempo para se tornar natural. Tornou-se uma ponte, um meio de acessar novas ideias e oportunidades. E então existe a poesia — o idioma que mais se parece com lar. Não é apenas uma forma de escrever; é a maneira como me conecto com as partes mais profundas de mim.

Escrever este poema me deu espaço para refletir sobre como esses idiomas se entrelaçam na minha vida. O português é intrincado; sua gramática é um touro a ser domado, e temos palavras quase impossíveis de traduzir como *"saudade."* Sua beleza se revela aos poucos, exigindo paciência. O inglês trouxe uma sensação de liberdade, mas também deixou partes de mim escondidas, perdidas entre palavras. A poesia, porém, exige tudo. É onde me sinto mais vulnerável — e mais viva.

Falar mais de um idioma muda você. Muda a forma como você pensa, como vê o mundo, até como expressa sua dor ou alegria. A poesia faz o mesmo comigo. É um mundo mágico e infinito de possibilidades para expressar a alma artisticamente e deixar a imaginação correr livre.

A ideia da "mensagem no papel, mas não na garrafa" fala sobre escrever com intenção — sabendo que há propósito em cada palavra, mesmo que eu não saiba quem vai ler, ou se alguém realmente vai entender. Escrever é um ato vulnerável, mas também libertador.

Para mim, escrever poesia é como navegar pelas estrelas. É encontrar caminhos por águas desconhecidas, usando letras e palavras como pontos de referência. Cada poema é um mapa feito de significados e símbolos — uma tentativa de alcançar alguém que, talvez, esteja procurando as mesmas respostas. Quando pergunto *Tem alguém aí?*, é a minha própria sede de conexão. É a pergunta que todo escritor carrega no peito: será que minhas palavras vão importar para alguém?

Este poema fala de idiomas, sim — mas fala ainda mais sobre o poder que as palavras têm de nos conectar, de moldar quem somos, e da esperança que carregam de um dia sermos compreendidos.

Reflexão do Leitor

Qual é a linguagem que mais representa quem você é — a visual, a falada, escrita ou a não dita? Como as línguas que você usa — por palavras, gestos ou emoções — moldam sua identidade e expressam sua versão mais verdadeira?

Missão

Dê a si mesmo permissão.

Permissão para pensar,
Permissão para repensar,
Permissão para falar,
Permissão para ir embora.

Para ficar em silêncio,
Fazer barulho,
Escrever e cantar.

Para chorar e rir,
Desafiar, e fazer as pazes.

Permissão para amar,
        perdoar,
Escolher,
        viajar.

Para sentir —
        Comer,
Aprender,
        Ter uma opinião.

Para se expressar e cometer erros,
Desistir —
        Ou recomeçar.
Permissão para lembrar,
        ou esquecer —

Tentar,
    e falhar,
E tentar de novo.

Dê a si mesmo
permissão para ser —
para a missão de viver.

 LUCIANA FISHER

MISSÃO
POR TRÁS DAS LINHAS

Missão é um convite, um lembrete e um chamado à ação, tudo isso ao mesmo tempo. Um lembrete para viver plenamente e se conceder a liberdade de ser quem você realmente é e buscar seus próprios sonhos. O poema reflete minha própria jornada em direção à autoaceitação, quando percebi que a permissão que eu esperava receber... já era minha para conceder. Escrevê-lo foi meu jeito de me dar liberdade para buscar crescimento pessoal.

A estrutura do poema espelha sua mensagem. A repetição de "Permissão para..." cria um ritmo constante, que convida o leitor a pausar e refletir. Cada verso é uma afirmação pequena, mas significativa — abordando desde o silêncio até a ousadia, do fracasso ao recomeço. A permissão para escrever, por exemplo, significa compartilhar meus textos, meus pensamentos, ler e performar minhas obras ao vivo. Trata-se de não se importar com o que os outros vão pensar — me permitir simplesmente ser, sem pedir desculpas por isso.

Foram necessários quatro anos de luta contra o câncer para eu chegar até aqui. Mas estou aqui. E espero me conectar genuinamente com os leitores, conversar, encontrar, continuar fazendo leituras e apresentações ao vivo — quem sabe um dia até ultrapassar as fronteiras do meu estado para levar minha voz adiante.

Os versos finais, *"Permissão para ser — / para a missão de viver,"* carregam o coração do poema. Eles nos lembram que viver é um ato intencional, e corajoso. Exige compaixão por si mesmo e disposição para aceitar nossa própria humanidade. Espero inspirar outros a viver com ousadia, a se libertar da necessidade de validação externa. A vida é tão curta! Encarar minha mortalidade me ensinou a soltar — e simplesmente viver.

Reflexão do Leitor

Quais permissões você tem esperado na vida? Como conceder a si mesmo a liberdade de pensar, sentir e correr riscos pode te ajudar a viver de forma mais autêntica e plena?

Quando abrimos as câmaras do coração,
E deixamos que ele cumpra sua missão,
Convidamos outros a fazer o mesmo,
A contar suas histórias,
sem medo ou vergonha.

OS FIOS QUE NOS UNEM
Relações e Conexões

Cuide do Que Importa

Amizades e relacionamentos,
Como flores e plantas,
Murcham sem cuidado.

Todos somos responsáveis por regar,
Por deixar a luz entrar.

Observe os sinais de alerta —
Folhas caídas,
Pétalas desbotadas.

Quando os vir,
Tire um tempo para:
Recortar os caules,
Aquecer a água,
Polvilhar um pouco de açúcar.

E observe —
Quando recebem cuidado,
Como *florescem.*

CUIDE DO QUE IMPORTA
POR TRÁS DAS LINHAS

Cuide do Que Importa nasceu de uma simples metáfora que me encontrou quando eu mais precisava dela. Estava lidando com a sensação de distanciamento em algumas relações — amizades que estavam murchando lentamente, não por falta de amor, mas por falta de cuidado mútuo.

Assim como flores precisam de água, luz e atenção, os vínculos humanos também precisam de intenção. A estrutura do poema reflete isso: versos curtos, com espaço para respirar — como pequenos lembretes do que regar, quando cortar, e onde colocar açúcar. Às vezes, é nos gestos mais simples que o relacionamento se fortalece: uma ligação, uma escuta, uma presença real.

As linhas finais — *"E observe — / Quando recebem cuidado, / Como florescem"* — falam tanto das outras pessoas quanto de nós mesmos. Quando somos cuidados, mudamos. Quando cuidamos do que realmente importa, tudo ao redor floresce.

Este poema é um lembrete: observe os sinais. Cuide das conexões. Corte os caules. Deixe entrar luz e ar. Coloque açúcar, às vezes café, pimenta-do-reino etc. Avalie o que é preciso para nutrir e curar, e veja como elas crescem.

Reflexão do Leitor

Pense nas relações da sua vida — amizades, família, amor. Há alguma que precise ser regada? Existem sinais sutis que você pode ter ignorado? Como você pode dar pequenos passos intencionais hoje para nutrir as conexões que mais importam?

O Que Não Foi Dito

Isso poderia ter sido uma história de amor —
nossa, historia de amor.
Neta e avó,
Ambas frágeis, fortes — e teimosas.
Deixamos que o ressentimento se acumulasse nas rachaduras
e que a saudade se alojasse nas costuras.

Com o passar dos anos —
Dançamos em torno do silêncio por tempo demais.

Eu queria que você me visse.
Não a versão que você queria de mim,
mas a mim, de verdade.
Você viu?

Eu queria soltar —
as correntes das suas expectativas,
o peso da minha raiva.
Eu queria te amar.
Eu queria que você me amasse,
livremente.

Mas as palavras ficaram presas na minha garganta.
Eu nunca as disse.
Você também não.

Será que deixamos sem dizer —
ou pior,
será que nunca sentimos de verdade?
Isso poderia ter sido uma história de amor.
Mas *falhamos* em assentar os tijolos

que poderiam ter nos construído.
E agora —
O tempo acabou.
A chance se foi.

Descanse em paz, Vó.
Eu te amei.

O QUE NÃO FOI DITO
POR TRÁS DAS LINHAS

O Que Ficou Por Dizer é um dos poemas mais pessoais que escrevi. Ele nasceu de uma dor silenciosa: o tipo que não grita, mas pesa por dentro. Por muito tempo, minha relação com minha avó foi marcada por lacunas — de palavras, de gestos, de afeto. Havia amor, sim, mas também havia mágoa, orgulho e silêncio.

Esse poema é meu gesto de reconciliação, mesmo que tardio. É o que eu teria dito, se tivesse conseguido. É o que eu precisava ouvir, mesmo que nunca tenha vindo. Ele não é um acerto de contas com ela — é um acerto de contas comigo mesma.

A repetição de *"Eu queria"* foi proposital. Reflete o desejo preso na garganta, a vontade de amar e ser amada, sem barreiras ou máscaras. Há uma pergunta dolorosa no centro do texto: *Será que deixamos sem dizer... ou pior, nunca sentimos de verdade?* Ela me persegue até hoje.

Escrever esse poema foi como abrir uma janela numa casa trancada há anos. E ao final, dizer *"Eu te amei"* foi a forma mais honesta e gentil que encontrei de me libertar da culpa, e ao mesmo tempo, manter viva uma memória real: imperfeita, sim — mas minha.

Reflexão do Leitor

Existe alguém em sua vida com quem você não disse tudo o que queria dizer? Que palavras ficaram presas na garganta — por medo, orgulho ou silêncio? E se ainda houvesse tempo, o que você diria agora?

O Que É o Amor

Você não saberá o que é amor
Até quando a química inundar seu cérebro,
Quando borboletas voarem no seu ventre,
Quando eles souberem exatamente como puxar você para mais
perto —
Dedos deslizando pela sua nuca,
Pelos seus cabelos,
Trazendo seus lábios aos deles.

Tão perto que você sente a respiração doce e suave
Entrando no seu corpo,
Como se a alma deles se fundisse com a sua,
E a sua com a deles.

Quando um choque elétrico atravessa você,
Levando ao desejo em chamas,
Elevando a temperatura do ambiente,
Acendendo fogos de artifício dentro de você,
Derrubando você de joelhos,
Deixando você implorando por mais: *por favor.*

Mas não,
Você não saberá o que é o amor.
Você não saberá que eles são "o tal".
Você saberá o que é luxúria
O que é *desejo,*
E *paixão.*

Mas o amor é diferente.

Você saberá que é amor
Quando você se sentir segura,
Quando suas necessidades forem respeitadas,
Quando eles apoiarem seus sonhos.

Quando a presença deles trouxer calma e conforto,
E sua confiança permanecer intacta.

Quando discussões levarem a crescimento,
E os pedidos de desculpa forem sinceros, sentidos.
Quando sua liberdade não for ameaça,
Mas incentivada.

Quando a vida ao lado deles for menos pesada,
Um pouco mais colorida.
Quando enxergarem a beleza da sua alma,
Admirarem a profundidade dos seus pensamentos,
E se encantarem com o brilho da sua mente.

E então, você saberá...

Não no
furor,
no fogo,
na chama.
Não quando sua cabeça estiver nas nuvens,
Mas quando seus pés estiverem firmemente no chão.

Você sentirá no silêncio,
Quando o amor ferver lento, constante —
Seu som suave, e seu volume baixo.

 LUCIANA FISHER

O QUE É O AMOR
POR TRÁS DAS LINHAS

O Que É o Amor nasceu de uma tentativa sincera de desfazer a confusão entre paixão e amor verdadeiro. Por muitos anos, achei que o calor, o desejo, o impulso eram provas de amor — e não eram. Na verdade, muitas vezes eram sinais de carência, carência minha, projetada no outro.

Escrevi este poema para minha versão mais jovem, que confundiu intensidade com intimidade. Para aquela que se ajoelhava diante da luxúria, pensando que era cuidado. Para a mulher que agora sabe: o amor não grita, o amor não queima — o amor sustenta.

As imagens do início do poema são intencionais — sensoriais, intensas, sedutoras. Eu queria mostrar o quanto o desejo pode nos iludir. Já o trecho final troca o fogo pelo chão, a vertigem pela estabilidade. Porque o amor verdadeiro não nos tira do eixo — ele nos ancora.

Esse poema foi minha tentativa de reaprender a amar. De diferenciar o arrepio na pele do abraço na alma. Ele não é uma crítica ao desejo — é uma defesa do amor que permanece quando o calor passa.

Reflexão do Leitor

Você já confundiu intensidade com amor? Como seria se o amor não fosse uma chama que arde, mas uma presença que acalma? O que muda em você quando começa a reconhecer o amor não no fogo, mas no silêncio — no cuidado constante, no chão firme onde você pode finalmente descansar?

Conexão

Quero mergulhar,
nadar —
na escuridão quente e úmida
da luz que emana
da íris dos teus olhos.

Ser impressa na retina,
expandindo as pupilas
às proporções de um buraco negro,
com a gravidade me sugando
para dentro do universo da tua *mente*.

Para testemunhar como é
experimentar a vida
sob estes céus —
através do eclipse
do teu olhar.

CONEXÃO
POR TRÁS DAS LINHAS

Conexão nasceu do desejo de ir além do toque físico, além das conversas, e capturar aquele momento silencioso em que dois olhares se encontram — e algo profundo acontece. A conexão que busco aqui é quase cósmica, uma fusão entre presença e transcendência. É o tipo de presença que não pede palavras.

As imagens no poema são intencionais: quero mergulhar nos olhos do outro como se fossem um portal. Falar de pupilas dilatadas como buracos negros é uma metáfora para esse mergulho — uma atração gravitacional que nos puxa para dentro de outro universo: o da mente e da alma de alguém.

Quando escrevo *"através do eclipse do teu olhar"*, me refiro a esse filtro que o outro se torna. Enxergar o mundo através dos olhos de quem amamos é diferente. A vida ganha outra luz, outra sombra, outra forma. O eclipse é tanto encontro quanto ocultamento.

Conexão é um poema curto porque o momento que descreve também é breve — mas inesquecível. Como um vislumbre do infinito em meio ao cotidiano.

Reflexão do Leitor

Você já se perdeu no olhar de alguém? Como seria mergulhar na mente de outra pessoa, ver o mundo com os olhos dela — não para julgá-la, mas para compreendê-la? E se a conexão mais profunda não estivesse nas palavras, mas no silêncio entre dois olhares?

Stitch

Eu poderia te observar o dia todo,
Esperando você encontra meu olhar e raramente desviar.
Lembro da primeira vez que te vi —
Tão pequeno! Cabia na palma da minha mão.

Você sempre foi tímido e medroso,
Se escondia debaixo de cada móvel,
Enquanto eu implorava: *vem, vem brincar!*
Levou um tempo,
Mas um dia você saiu debaixo da mesa
E nunca mais olhou para trás — pronto para virar minha vida de
cabeça pra baixo
Da *melhor* forma possível.

Agora, bem longe da timidez,
Ouço o som das suas patinhas pela casa,
Cabeça erguida, confiante e destemido.
Você é o dono daqui,
        Você me protege e faz companhia.

Com seus latidos inconfundíveis,
Cheio de energia,
Você enche esta casa de vida e tanta alegria,
Sempre pronto para brincar,
Meu pontinho preto em miniatura,
        Eu sempre vou te proteger,
Enquanto você schnauzera o seu dia por aí.

STITCH
POR TRÁS DAS LINHAS

Stitch é mais do que um poema — é uma carta de amor ao meu melhor amigo. Ele chegou à minha vida num momento de vulnerabilidade e, desde então, tem sido meu guardião silencioso, meu companheiro de todas as horas, meu lembrete diário de que o amor pode ser simples, alegre e leal.

Lembro exatamente do dia em que o conheci. Ele era tão pequeno que cabia na palma da minha mão. Tímido, assustado, escondido — e eu, chamando com paciência: "vem brincar." Quando ele finalmente saiu debaixo da mesa, algo em mim também se libertou. Desde aquele dia, ele nunca mais parou de me surpreender.

A estrutura do poema acompanha esse crescimento. Começa com a doçura da lembrança, passa pela construção de confiança, e termina com a certeza de pertencimento. Stitch, hoje, é destemido, barulhento, confiante. Ele protege a casa como se fosse um guerreiro — e ainda assim dorme como um bebê no meu colo.

Stitch é sobre ele, mas também é sobre nós — sobre o tipo de amor silencioso e incondicional que não precisa de explicação. Apenas presença.

Reflexão do Leitor

Existe alguém na sua vida — humano ou animal — que trouxe leveza, presença e amor incondicional? Quais pequenos gestos, olhares ou hábitos diários representam esse vínculo? E se você escrevesse um poema em homenagem a essa conexão, o que não poderia faltar?

Spidey

Você está sempre aqui,
Ali — *em todo lugar!*
Vem atrás de mim com esse jeitinho doce,
Sempre calmo — me seguindo por toda parte.

Já se vão onze anos,
Você fazendo meu som favorito —
Aquele uivinho agudo de filhote,
Que soa como: *youyouyouyou!*

Meu doce menino,
    Pega aquele brinquedo!
    Deixa eu te seguir também,
Enquanto você balança o rabinho
    E enche meu mundo com o som
    que será o meu favorito, *para sempre!*

SPIDEY
POR TRÁS DAS LINHAS

Spidey é sobre aquele tipo de amor que simplesmente é — sem exigências, sem complicações, sem palavras. Ele está comigo há mais de uma década. Sempre presente, sempre por perto, sempre emitindo aquele uivinho agudo que, com o tempo, virou meu som favorito no mundo.

Esse poema é mais simples na forma, porque o sentimento também é simples — mas profundo. Amor fiel, incondicional. É a trilha sonora suave da vida compartilhada com alguém que está sempre ao seu lado, em silêncio ou em festa. Quando digo que ele está "aqui, ali, em todo lugar", é exatamente isso. Spidey é presença. Constância. Amor sem esforço.

A brincadeira sonora do *youyouyouyou* é um detalhe real — foi minha tentativa de registrar em palavras um som que o mundo nunca ouvirá como eu ouço. Escrevê-lo foi como capturar um instante eterno.

Spidey é sobre reconhecimento. Sobre não deixar o amor passar despercebido. É minha homenagem a esse companheiro que me ensinou que, às vezes, as maiores declarações de amor estão nos gestos pequenos e nos sons mais bobos — que só a gente entende.

Reflexão do Leitor

Existe algum som, gesto ou olhar que só você reconhece como amor? Quem tem sido sua companhia constante ao longo dos anos — em silêncio, em rotina, em alegria? E se você parasse por um momento agora...conseguiria ouvir esse amor te chamando?

Batizamos uma criança quando ela nasce
e a cobrimos de amor vindo do **nada**
À medida que cresce, ensinamos a perseguir
nada além do que tem o valor do **ouro**
Roubamos dela a inocência e os sonhos
dizendo o que ela **pode**
ou não pode alcançar, medido por nossa colher de pau
de fracassos — e tudo aquilo que não pode **ficar**

Os Sonhos Devem Ficar.

golden shovel

TINTA, FOGO E REBELDIA
Criatividade e Expressão

Um Poema Esperando Para Nascer

Há um poema em mim —
Preciso parir para libertar.

Neste momento, não consigo escrever.
  Fui privada de um poder que nem sei se um dia tive.
A inspiração deixou de inspirar.
A musa saiu sem aviso.
A sorte não deu as caras, não me ofereceu sua graça.
  As palavras não fluem, não escorrem,
embora eu tenha uma mensagem ardente por dentro,
pressionando para preencher as páginas,
tentando vencer o vazio.

Mas não —
sem inspiração, sem fluxo, sem espetáculo.
Já se passaram 21 dias, mas parecem 9 meses.
Alguém, qualquer um — abra a torneira,
liberte a cachoeira de palavras, me afogue nesse rio —
deixe até as bactérias no meu intestino se banharem nessa alegria líquida,
como comida que alimenta o cérebro, como água absorvida pela alma,
matando uma sede por palavras que carregam sentido,
que expressam a mensagem que já não posso conter.

Palavras! Palavras que enterrei tão fundo.
Elas vivem em mim, inquietas,
como um feto socando, empurrando, puxando,
esperando para nascer, para ser livre.

Imploro — sejam expulsas, vistas, lidas, libertas!
    A Inspiração espreita, me vigia.
    Está aqui, neste quarto, escondida, rindo, zombando de mim —
Uma Deusa volátil!
Desafiando-me a escrever algo, qualquer coisa,
sem antes dobrar os joelhos.

A mensagem, como um incêndio queimando carvão,
como um diamante bruto,
esperando para ser lapidado, moldado, forjado —
deixe o mundo entrar, deixe as palavras saírem.
Deixe cada poro expirar a mensagem que pulsa lá dentro.

Há um universo de palavras dentro de cada vogal,
uma loucura de consoantes na minha cabeça, formando sons.
Inspiração! Bruxa malvada — me ajude. *Há um poema em mim!* —
eu grito.
Arranque-o. Mesmo se tiver que vir arrastado pelos cabelos.
Que injustiça!

Eu me ajoelho, *Inspiração*, te imploro —
Há um poema em mim.
Eu preciso parir—
para ser livre.
Venha até mim.
    Seja a parteira, eu te imploro.

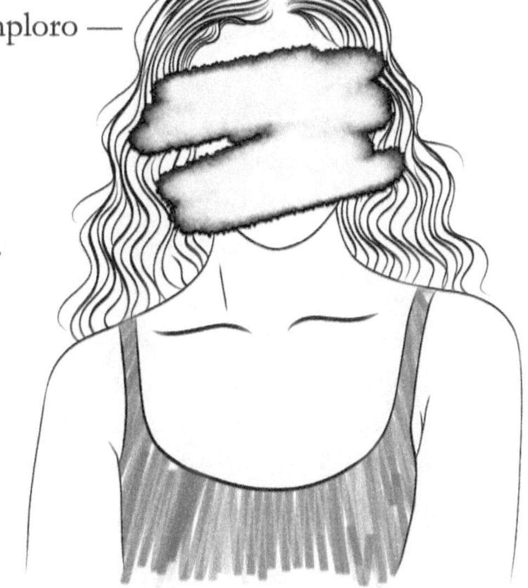

UM POEMA ESPERANDO PARA NASCER
POR TRÁS DAS LINHAS

Um Poema Esperando Para Nascer é minha dramática reflexão sobre o bloqueio criativo — e a sensação de impotência quando as palavras simplesmente não vêm. Mais uma vez, este poema é profundamente pessoal para mim. Após a morte do meu tio, fiquei 21 dias sem conseguir escrever. O luto e o peso emocional me desconectaram completamente da minha capacidade de expressão — uma frustração sufocante, da qual parecia impossível escapar.

Escrever esse poema foi minha forma de processar esse silêncio e a urgência que eu sentia de libertar as palavras. As imagens de palavras enterradas, de um feto inquieto, e da inspiração como uma força caprichosa e zombeteira representam exatamente a tensão entre o desejo de criar e a impossibilidade de fazê-lo.

Quis registrar a vulnerabilidade bruta daquele momento — o anseio de dar à luz algo com significado, e a impotência de não conseguir. Personificar a inspiração como uma deusa volátil foi a maneira que encontrei de enfrentar meu luto e também a natureza imprevisível do processo criativo.

Este poema não foi apenas um desabafo da minha frustração — foi um pedido de libertação. Escrever me permitiu encarar o luto e começar a me reconectar com o próprio ato de escrever. É um testemunho da resiliência da criatividade, mesmo quando ela parece enterrada sob a dor e o cansaço. E um lembrete de que criar também é enfrentar a luta, não só esperar pela inspiração.

Descanse em paz, tio Robson.

Reflexão do Leitor

Você já sentiu um bloqueio criativo — aquela sensação de ter algo dentro de si, mas não conseguir expressar? Como você lida com os momentos em que a inspiração parece ter ido embora? E se, em vez de esperar, você aceitasse o silêncio como parte do processo? O que está dentro de você agora, esperando para nascer?

Um Poema Esperando Para Ser Encontrado

Há um poema aqui,
mas eu não quero promovê-lo.

Não quero que ele chegue até você — *assim, tão fácil.*
Quero que seja você a ir até ele.
Que o encontre.
Que o resgate de um canto perdido da internet,
de uma prateleira empoeirada,
ou de uma loja silenciosa.

Quero que ele encontre um lar no seu lar,
que viaje com você no carro,
que fique guardado na sua bolsa.
Quero que seus olhos o vejam,
e que seu coração o sinta.
Que você o valorize,
porque ele deu sentido a um momento,
ou reviveu uma memória.

E, nesse processo,
quero que ele te resgate também.

Quero que você o descubra num café de esquina,
nas mãos de um belo estranho,
tão cativado que nem percebe o seu olhar.
Que o encontre naquele livro que sua melhor amiga (o) jura que
você vai amar.

Quero que ele te surpreenda,
que te faça parar no meio da mesmice do cotidiano

Que esteja entre as páginas que você vira
com dedos cuidadosos,
levados aos lábios.

Quero que você o leia num vagão de metrô, num país estranho,
no trajeto de ida ao trabalho,
no banco de trás de um carro, numa tarde quente de verão,
com as janelas abertas,
sentindo o vento e o sol na pele.
Quero que você se lembre dele.

Quero que ele te consuma, que te inspire.
Que você dê a ele um significado —
que tire dele o que precisar,
seja o que for que ele sirva.

Quero que você resgate minha poesia da solidão.
Que ela te faça pausar.
Que te faça companhia,
e seja a companhia que você escolhe manter.

Que seja encontrada por acaso,
e guardada por escolha.

Não quero promover minha poesia,
mas, em silêncio, eu espero que ela encontre o mundo.
Quero que ela diga muito,
que te encontre quando estiver pronta —
que escorregue para o seu coração
e acrescente poesia à sua vida.

UM POEMA ESPERANDO PARA SER ENCONTRADO
POR TRÁS DAS LINHAS

Este poema nasceu da contradição que muitos escritores sentem: o desejo profundo de serem lidos — e, ao mesmo tempo, a recusa de implorar por atenção. *Um Poema Esperando Para Ser Encontrado* é meu jeito de dizer: "Estou aqui, mas não quero me empurrar para você." Quero que meu trabalho chegue até as pessoas certas, no tempo certo, com a delicadeza de algo que se encontra por acaso... mas se guarda por escolha.

A escrita desse poema foi quase um sussurro. Diferente de outros textos meus que gritam, este se ajoelha. Ele não exige ser lido — ele espera. Ele quer ser descoberto da mesma forma que a poesia me salvou tantas vezes: sem alarde, sem anúncio. Apenas aparecendo, como uma flor brotando numa calçada, ou uma frase no momento exato.

A imagem do poema no metrô, no livro da amiga, ou nas mãos de um estranho bonito, são todas fantasias reais. Eu realmente sonho com minha poesia fazendo parte do cotidiano de alguém. Sendo lida com o vento no rosto, com o café na mão, com o coração aberto.

SOB A SUPERFÍCIE

Esse poema é um desejo e uma promessa: não preciso gritar para ser ouvida. Se minhas palavras tiverem verdade, elas encontrarão abrigo.

E talvez — se forem encontradas — elas também possam encontrar quem as leia.

Reflexão do Leitor

O que você gostaria de encontrar por acaso — e manter por escolha? Existe alguma palavra, poema, canção ou gesto que tenha chegado até você no momento certo, como um sussurro inesperado da vida? E se algo que você criou estiver lá fora agora, esperando ser encontrado... por alguém como eu? O que seria?

Expectativas

Triste percepção —
nossa escrita nem sempre vai ser boa,
assim como nossa comida nem sempre será boa.

Pelo menos, talvez não para o seu paladar.
Ou para o deles. Dele ou dela.
Às vezes, nem para o meu.

A perfeição não será alcançada diariamente. Ponto.

Nem o sexo será sempre bom.

Aterre suas expectativas.

Como cozinhar — ou qualquer forma de arte —
escrever é um processo.
    Às vezes queimamos o frango, salgamos demais o peixe,
    temperamos em excesso a carne, devoramos um ao outro
    forte demais, devagar demais —
escrevemos de menos, ou demais —
e falamos demais, ou nada.

A perfeição não será alcançada diariamente. Ponto.
Aterre suas expectativas.

Os temperos da minha comida — e das minhas palavras —
nem sempre estarão na medida certa
para você, ou para agradar a todos.

Nem sempre vamos. Agradar. A todos.

Mas há uma pessoa que você pode agradar:
a si mesmo.
        Se tentar. E não desistir.
Você só irá se fortalecer.

Cozinhe, se essa for sua paixão.
Ou reorganize as fotos na parede,
os móveis no chão.
Pinte aquela tela esquecida no canto.
Pegue o lápis e desenhe no metrô,
pegue a caneta e escreva logo ao acordar
ou tarde da noite.

Escreva quando a inspiração chegar de surpresa
e uma obra-prima quiser nascer —
        mas escreva também quando ela não vier,
        e um poema comum como este cair na página.

Faça arte quando a energia em movimento fluir por você,
como o sangue nas suas veias,
a velocidade do seu coração,
a lágrima escorrendo no seu rosto,
o riso que você não consegue conter.

Expresse sua alma. O resultado é a arte.

E às vezes, em momentos raros,

a trindade se alinha, o universo diz sim,
e o portão perolado do céu,
guardados pelos deuses da Arte,
se abre para eles nos agraciar com sua presença.
Depois de muita experimentação, paciência e aceitação —
a mágica acontece.

A verdadeira obra-prima é o processo:
a arte de se conectar com você mesma.
Encontre alegria no processo de autoexpressão,
e uma vez conectada, *deixe sua alma mirar as estrelas.*

   LUCIANA FISHER

Reflexão do Leitor

Você tem se permitido criar — mesmo quando o resultado não sai perfeito? Quais expectativas você precisa desapegar para que sua expressão se torne mais livre?

O que poderia nascer de você se, por um instante, você colocasse a alegria do processo acima da perfeição do produto?

Inconformada

Estou inconformada
com o jeito que você *mente*,
inconformada com a forma como adia sua vida
como se o amanhã estivesse garantido.

Estou inconformada em te ver apodrecer confortavelmente,
desperdiçando cada segundo da sua existência,
como areia escorrendo pelos dedos,
perseguindo nada além da próxima dose de ar para respirar.

Estou inconformada em te ver não ler,
não escrever, nem criar nada.
Inconformada em ouvir as desculpas que você dá
para tudo que nunca vai realizar,
desejando enquanto mente acordada,
se contando todas as coisas que jamais fará.

Estou inconformada.
Por ser você —
quando poderíamos ser tanto mais,
se ao menos você desse o primeiro passo
e começasse a fazer algo — por você.

INCONFORMADA
POR TRÁS DAS LINHAS

Inconformada é uma conversa comigo mesma. Uma bronca. Uma intervenção.

Uma versão de mim, cansada das minhas desculpas, me chamando de volta para a vida.

Escrevi esse poema num momento em que me sentia estagnada — sem criar, sem ler, sem fazer nada que alimentasse minha alma. Eu estava me deixando levar, como se o amanhã fosse certo, como se a vida pudesse esperar. Só que ela não espera.

A voz do poema não é gentil — ela é direta. Ela não tem paciência para promessas vazias ou adiamentos eternos. Ela exige ação. E às vezes, é isso que precisamos: alguém que nos sacuda. E se esse alguém for nossa própria consciência, melhor ainda.

Quando digo *"estou inconformada em ser você"*, é o meu eu mais exigente dizendo que reconhece o potencial que há em mim — e está frustrado por me ver desperdiçá-lo. Escrever esse poema foi me encarar no espelho e, em vez de me julgar, me provocar a me levantar.

Nem todo poema precisa confortar. Alguns, como este, vêm para cutucar.

Para te lembrar de que você está viva — e que ainda dá tempo.

Reflexão do Leitor

Existe alguma parte de você que anda adormecida? Você tem adiado sonhos, projetos ou decisões esperando o "momento certo?" E se a sua versão mais lúcida e destemida te chamasse para agir agora — o que ela te diria?

Picles

Para cutucar meu picles criativo,
eu me receitei uma dose de escrita — uma vez por dia.
— *UMA VEZ* —
Portanto, esta é minha escrita de hoje.

PICLES
POR TRÁS DAS LINHAS

Picles é uma brincadeira — mas também um compromisso.

Foi escrito num daqueles dias em que eu me desafiei a escrever todos os dias, sem exceção. Só que naquele dia... nada veio. Nenhuma imagem, nenhum verso, nenhum fôlego poético. Só a minha teimosia e a promessa feita a mim mesma: escreva algo. Qualquer coisa. Mas escreva.

O título surge da expressão *"tickle my creative pickle"* — uma frase divertida que usei para rir de mim mesma e da minha tentativa de forçar a criatividade a funcionar como se fosse máquina. E por mais bobo que o poema pareça, ele é real: eu escrevi. E isso importa.

Este poema é um lembrete de que o processo criativo nem sempre é grandioso, profundo ou transformador. Às vezes, é só presença. É o ato de manter a caneta em movimento, mesmo quando a inspiração falta.

Picles é o que acontece quando a disciplina encontra o cansaço, e a leveza vence.

E às vezes — só isso já basta.

Reflexão do Leitor

Você já se comprometeu com algo criativo, mesmo nos dias em que nada fluía? Como seria tratar sua criatividade com mais leveza — sem tanta cobrança, sem tanto peso? O que você poderia criar hoje, mesmo que fosse só por manter a promessa feita a si mesmo?

Vida Moderna

Eu não esperava nada,
Mas — Meu Deus!
Esta sopa está divina!
Ai, Ai, Ai!
Posso te dizer — minha barriga está cheia. Inchada.
Estou empanturrado.

— Garçom! (estalo de dedos!)
Qual é o especial do dia? Estou numa dieta sem glúten.
E vou querer mais uma, por favor!

— Certamente, Senhor! Imediatamente!
Mais uma tigela da nossa Sopa da Vida Simples do Dia já está a
caminho!

— Senhor — Temos Felicidade ao Prato, um sucesso entre os
clientes!
E de sobremesa, posso sugerir um Mousse de Alegria?
Leve como o ar, com um toque delicado de risadas por cima!
Não se preocupe; é tudo livre de alérgenos!

— Perfeito! Quero isso!
E para beber — o que eles estão tomando ali?

— O casal ali, Senhor? Estão tomando Amor da Torneira.

— Ótimo, vou querer também. Encha meu copo e continue
servindo, por favor!

— Gostaria também de um pouco de Chá de Tristeza com sua
Alegria, Senhor?

— Ah, por que não?! Traga!
Tenho certeza de que consigo acomodar tudo isso!

— Imediatamente, Senhor! Uma escolha perfeita.
Afinal, sempre cabe mais um pouco, não é?

— E que tal nossa porção exclusiva de Arrependimento?

— Arrependimento? Hmm — Ah, rapaz! Exclusivo?!?! QUE
EMOÇÃO!!!

— Sem dúvida, Senhor. Nosso Arrependimento é artesanal e
envelhecido à perfeição —
uma raridade absoluta! Uma iguaria que permanece no paladar
muito depois da primeira mordida.

VIDA MODERNA
POR TRÁS DAS LINHAS

Vida Moderna é uma sátira sobre o modo como vivemos em busca constante de prazer, conforto e satisfação imediata — como se a vida fosse um restaurante e os sentimentos estivessem todos disponíveis no cardápio, prontos para serem servidos na temperatura ideal.

Eu queria brincar com a ideia de como tratamos emoções como consumo: queremos felicidade sem esforço, amor pronto para beber, e até tristeza na medida — desde que venha bem acompanhada. A estrutura do poema imita o diálogo entre cliente e garçom, justamente para reforçar esse tom teatral, quase absurdo, de um mundo onde até o arrependimento é uma iguaria servida com entusiasmo.

No fundo, este poema não é sobre comida. É sobre excesso. Sobre o vazio que tentamos preencher com mais e mais — mesmo que esse "mais" seja um pouco de tristeza ou culpa. É sobre como nos acostumamos a pedir sem realmente digerir. Sobre como confundimos desejo com necessidade, escolha com impulso.

Escrevê-lo foi libertador. Uma crítica com gosto de riso, mas com um trago amargo no fim.

Reflexão do Leitor

Como é o "cardápio" da sua vida? Você tem saboreado experiências significativas ou anda correndo atrás de satisfações passageiras? O que você poderia escolher com mais consciência — para realmente nutrir a sua alma?

Virtualidade

O que eu posso *legendar*
que você já não tenha visto ou ouvido?
Na era em que somos o rebanho.
Seguidos, deixados de seguir, embaralhados.
Deslizando dedos em telas sem saber quem somos ou fomos.
Onde um tique *azul*
só nos deixa roxos
De inveja e tristeza,
Enquanto nossa saúde mental não vê o amanhã,
Só gramas instantâneas de falsidades e golpes,
Onde usamos um filtro, mas não temos filtro.
Onde o ódio só cresce, e o amor raramente aparece —
E, num *reel* instantâneo, desperdiçamos mais um minuto.
Para esconder a dor, deslizamos de novo,
Enquanto enlouquecemos
Por curtidas muitas vezes carregadas de desprezo!
E ainda assim deslizamos de novo,
Pra esquerda, pra direita,
Sem fim à vista.
Mas uma voz interior diz:
Deixe os farsantes de lado
E fique ao lado
Do seu melhor amigo, o Orgulho;
E desfaz a *amizade*
Com quem conhece seu nome,
Mas não sua dor,
Online,
Por um punhado de curtidas,
Compartilhando sem parar — em vão —

 LUCIANA FISHER

Por um instante de
fama.
Deixe o aparelho de lado,
Reconecte-se com seu orgulho.
Se você se encarar nessa pela jornada,
A autoestima é o prêmio.

VIRTUALIDADE
POR TRÁS DAS LINHAS

Virtualidade nasceu da exaustão — da minha, da nossa exaustão coletiva.

Vivemos num mundo que nos promete conexão, mas nos entrega comparação.

Escrevi este poema depois de me perder, mais uma vez, no looping viciante das redes: reels, likes, curtidas, promessas vazias, filtros por todo lado — até nas emoções.

A estrutura do poema é rápida, como o rolar da tela.

Os versos curtos refletem o consumo fragmentado de informação, o esvaziamento emocional. É como se cada linha fosse mais uma tentativa de capturar atenção — ou de pedir socorro.

Quando digo *"onde usamos filtro, mas não temos filtro"*, falo da perda da autenticidade. Quando pergunto *"quem conhece seu nome, mas não sua dor?"*, falo da solidão escondida em perfis perfeitamente editados.

Este poema foi minha forma de me lembrar — e de lembrar os leitores — que estar presente é diferente de estar online. Que autoestima é construída fora das telas. Que não precisamos de mais um comentário, precisamos de presença real, em nós mesmos e nos outros.

Foi meu grito silencioso: Desconecte-se para se reconectar.

Reflexão do Leitor

Quantas vezes você já deslizou a tela buscando conexão — e encontrou apenas comparação? O que você tem consumido diariamente que alimenta ou drena sua autoestima? Se você pudesse se desconectar por um momento, com quem — ou com o quê — gostaria de realmente se reconectar?

É preciso coragem para ser verdadeiramente conhecido,
Para permitir que a melodia do seu coração se revele no todo.

QUANDO A AUSÊNCIA FALA
Perda, Luto e Legado

Respiração

Respire
Inspire —
Expire.

Aspirar —
Inspirar.

Inspire —
Expire.

A Ausência de Você

O vento está soprando.
Agora há neve no chão.
O frio faz sentido.
Eu o recebo, mas por dentro parece ainda mais frio —
onde não consigo encontrar o calor — de você.
O tempo não recebeu o memorando,
como se se recusasse a reconhecer o peso
deste momento —
o silêncio que deveria acompanhar tamanha perda.
Me disseram que é o primeiro dia do inverno.
Não é de se admirar que haja neve no chão.

As árvores estão agora nuas
Enquanto eu sento aqui e encaro
Os carros e ônibus minúsculos
Com pessoas pequeninas dentro passando.
Fazendo. Indo. Girando. Existindo.
Movendo-se sem pausa, enquanto eu permaneço aqui, ancorada
pela perda.

> Eles não receberam o memorando?
> Para onde estão indo?
> O que estão fazendo?
> Vivendo suas vidas, alheios ao fato de que a Terra parou?

Que todos devíamos parar e soltar um choro coletivo tão alto
Que não fosse nada menos do que um som ensurdecedor.

Eles não percebem?

Que os níveis dos oceanos deveriam subir e inchar com o peso
do luto coletivo,
que as marés deveriam quebrar como se a própria terra chorasse —
um tsunami, um furacão —
Com cada desatre natural a Terra em luto pela ausência de você?

Mas o mundo continua,
Como se não tivesse sido engolido inteiro
Pelo buraco negro criado quando *sua luz se apagou.*

Eles não receberam o memorando.
Eles se movem, alheios ao fato de que o universo enfiou a mão
no meu peito
E arrancou meu coração.
Eles seguem seus dias, viajando em seus ônibus e carros de
brinquedo.

O mundo continua,
Sem saber que nunca recebeu o aviso. *Sem saber* que está seguindo
adiante sem você.

A neve vai cessar, derretendo silenciosamente no chão como faz a
cada estação —
uma rendição suave à marcha inevitável do tempo —
que segue apenas para frente, indiferente ao peso do meu luto.
Ele continuará se recusando a parar.
A próxima estação virá, e depois a outra.

Os oceanos não subirão, pois minhas lágrimas secarão.
A dor vai diminuir — na mesma medida em que a saudade
crescerá.

E só eu saberei a profundidade da perda que o mundo sofreu —
por alguém tão maravilhoso quanto você.

     LUCIANA FISHER

A AUSÊNCIA DE VOCÊ
POR TRÁS DAS LINHAS

A Ausência de Você é minha reflexão sobre perda e luto — escrita como uma tentativa de entrar no coração da minha amiga J., que perdeu seu marido para o câncer há alguns anos.

Numa tarde de dezembro de 2024, pouco antes do Natal, eu estava no computador, tentando escrever poesia, enquanto observava o mundo pela janela: carros passando, ônibus cheios, pessoas indo e vindo — o ritmo impassível da vida. Pensei em J. e na dor que essa época do ano deve acentuar.

E então, como num instante de sincronicidade, recebi uma mensagem dela:

"Essa época sempre pesa um pouco. O luto é mais difícil nesse tempo do ano, mas estou tentando passar por ele."

Aquele mensagem de texto foi o estopim deste poema. Uma forma de homenagear a dor de J. — e também a dor silenciosa de tantas pessoas que vivem ausências justamente quando tudo ao redor celebra presenças.

As imagens das estações, da neve derretendo, do tempo que não para, refletem esse contraste: a vida continua, indiferente, mesmo quando por dentro estamos paralisados. Linhas como

"Eles não receberam o memorando?" ou "O universo enfiou a mão no meu peito e arrancou meu coração" expressam a dissonância brutal entre o luto interno e o mundo externo que não pausa para ninguém.

Escrevi este poema como um espelho — para quem já sentiu essa ruptura entre o que vive por dentro e o que o mundo exige por fora. Para quem sentiu dor numa época em que todos esperam alegria. Para quem carrega saudade como companhia silenciosa.

Este poema é para você, J.

E para todos que já experimentaram o peso da ausência.

Reflexão do Leitor

Você já viveu um momento de dor enquanto o mundo ao redor seguia como se nada tivesse acontecido? Como foi para você lidar com a ausência — seja de alguém, de algo, ou de uma parte de si? Se o tempo não para, como você encontra maneiras de honrar o que (ou quem) ainda vive dentro de você?

O Sentido do Adeus

Adeus é crescimento.

Há um momento em que você fará algo pela última vez.
Talvez perceba, talvez não. Mas, nesse instante, algo muda.
Sua bússola aponta para uma nova direção.
Sua frequência muda, recalibrando o curso da sua vida.

Se você permitir,
se você se comprometer com a autenticidade,
perceberá que aquilo já não te serve mais.

E então vem o choque.

É como ser engolida por uma onda gigante.
Uma maré de autoconhecimento invade seu corpo,
te deixando ao mesmo tempo em êxtase e apavorada.
A clareza inunda sua mente.

"Isso acabou," você percebe.
"Isso não me serve mais. Não está alinhado com quem estou me tornando."

É agridoce. É nostálgico. É empolgante. É assustador.

As emoções percorrem seu corpo em ondas —
da mente aos pés,
e por fim, assentam-se no coração.

Você sente gratidão pelas lições, pelas memórias, pelo riso.
Mas é hora de seguir em frente. Algumas pessoas, alguns lugares,
permanecerão na sua jornada.

Outros se tornarão nota de rodapé
na história da sua vida.

Quando chegar esse momento,
honre-o. Esteja presente.

A verdadeira transformação só acontece
quando você a reconhece por completo.
Sem consciência, o momento passa
e você permanece presa no mesmo lugar,
repetindo os mesmos padrões.

Pode haver falsos começos — momentos em que achou que
estava pronta, mas ainda não estava. Perdoe-se por esses tempos.
Eles foram prelúdios, ensaios, o terreno necessário para o que
está por vir.

Quando o momento certo chegar,
você saberá.

Você está se transformando.

A crisálida está se abrindo.

Voe, borboleta.

Diga adeus — não com medo, mas com amor.
E entre na sua versão mais verdadeira.

Vá viver novas experiências.
E lembre-se: você é profundamente amada.
E nunca está sozinha.
Diga adeus. Vá — e cresça!

O SENTIDO DO ADEUS
POR TRÁS DAS LINHAS

O Sentido do Adeus é minha tentativa de compreender as camadas emocionais que habitam cada despedida. Para mim, dizer adeus nunca foi simples — sempre carregou medo, esperança, nostalgia, curiosidade, ansiedade e uma antecipação agridoce do que vem depois.

Escrevi este poema em Miami, no dia em que voltaria para Nova York, logo após a Art Basel. Naquele momento, percebi que não era só de uma cidade que eu estava me despedindo, mas de um estilo de vida que já não combinava com a pessoa em que estou me tornando.

O tema da borboleta surgiu num instante quase mágico: enquanto arrumava o cabelo no banheiro da casa de um amigo querido, vi no espelho as asas de borboleta estampadas no papel de parede atrás de mim. Era como se, por um segundo, eu as estivesse vestindo. A imagem me atravessou. A crisálida se abrindo virou o coração do poema.

Escrever foi minha forma de transformar o adeus em portal — não como fim, mas como passo em direção ao crescimento.

Linhas como "Isso não me serve mais. Isso não está mais alinhado com quem estou me tornando" falam da coragem de reconhecer a mudança e de honrar essa clareza interna.

Despedidas costumam surgir em momentos-chave, nos empurrando a recalibrar o caminho. Esse poema tenta capturar o que sentimos nesses instantes: a gratidão pelo que foi, o medo do que virá e a força necessária para seguir adiante.

Espero que ele inspire outros a ver o adeus não como algo a temer, mas como uma oportunidade de se tornar quem sempre estiveram destinados a ser.

Reflexão do Leitor

Existe algo — ou alguém — que você precisa liberar para crescer? Que partes da sua vida já não estão mais alinhadas com a pessoa em que você está se tornando? E se o adeus que você teme for, na verdade, o início do seu maior voo?

GPS: Estrada Para Lugar Nenhum

Comece na Avenida Solidão — siga em frente. A estrada se
estende infinitamente, silenciosa, exceto pelo eco dos seus
próprios passos. Logo, você chegará ao cruzamento com a Rua
do Arrependimento. Vire à esquerda, mas ande com cuidado; o ar
fica mais denso a cada passo, o peso dos "e se..." e "eu devia ter..."
pressionando seus ombros.

Em pouco tempo, você vai se ver serpenteando pela Rua da
Insegurança. O caminho se retorce sem aviso, seu asfalto irregular
 desequilibra seus pés, lembrando que aqui, o equilíbrio é instável.
Sombras se projetam enormes, distorcendo sua noção de direção.

Ao se aproximar do Beco do Medo, vire à direita. Seus ventos
frios mordem sua pele, e o trecho estreito parece se fechar ao seu
redor. Não demore — esse não é um lugar de conforto,
apenas de sobrevivência.

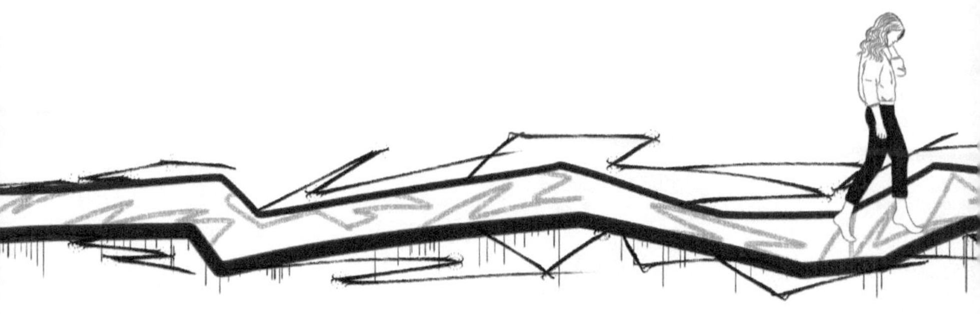

Alguns quarteirões depois, você vai tropeçar na Viela da
Ansiedade, uma ruela caótica que te puxa para dentro sem aviso.
Esquinas afiadas, pontos cegos e becos sem saída te prendem em
seu labirinto. Seu coração dispara, ecoando nas paredes.
Escapar parece impossível — mas se conseguir, encontrará a Rua
da Amargura.

Na rotatória, a frustração se instala.
Pegue a terceira saída para a Avenida da Frustração.
Ela gira em círculos infinitos, te puxando até que o mundo pareça
encolher. Não perca o foco — é fácil esquecer por que começou
essa jornada.

Eventualmente, você chegará ao Cruzamento do Luto.
À esquerda, segue a Rua do Desespero,
onde os postes piscam fracamente, oferecendo pouca orientação.
Mais à frente, o Círculo da Dúvida: voltas intermináveis ameaçam
te prender num espiral de autocrítica e arrependimento.

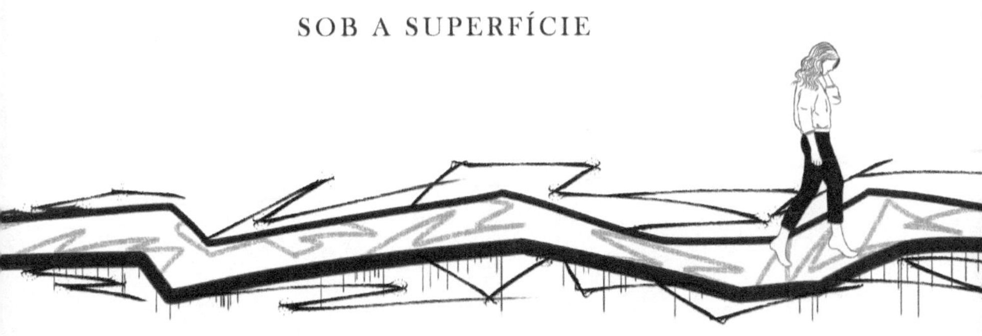

Por fim, você atravessará a Ponte da Rejeição,
onde cada passo reverbera com os ecos de *"não é suficiente."*
Do outro lado, encontra-se a Praça da Desesperança.
No coração dessa jornada, as estradas se dividem em caminhos
sombrios — Rua do Vazio, Caminho do Ressentimento ou
Travessa da Culpa. Nenhum deles leva à salvação, apenas a cantos
cada vez mais escuros.

E se a praça estiver fechada?
Não há como seguir em frente — só resta voltar pelas mesmas
estradas que você já percorreu — refazendo o mesmo ciclo.
Mas não se preocupe — todas as estradas eventualmente te levam
à Rua da Isolação ou à Avenida do Ressentimento,
também conhecidas como Estradas Para Lugar Nenhum —
a menos que você escolha quebrar o ciclo.

Mude o destino.

Confie no seu GPS interior.
Deixe que ele te guie —
para fora do loop e em direção à *Estrada Para Algum Lugar.*

GPS: ESTRADA PARA LUGAR NENHUM
POR TRÁS DAS LINHAS

GPS: Estrada Para Lugar Nenhum é um dos poemas mais pessoais que já escrevi. Como alguém que vive com Transtorno de Estresse Pós-Traumático Complexo (TEPT-C) e já enfrentou períodos de depressão, eu conheço, de forma íntima, cada uma das ruas descritas neste poema.

Escrevê-lo foi minha forma de dar voz a essas experiências — de cartografar o labirinto emocional que tantas pessoas percorrem em silêncio.

Cada rua, cada cruzamento representa um estado mental no qual já estive aprisionada: solidão, insegurança, arrependimento, desespero. Os loops, as voltas sem saída, a repetição de dores antigas — tudo isso é real. Mas este poema não é só sobre estar perdida. Ele é também sobre coragem. Sobre a possibilidade de confiar no seu GPS interior e reprogramar a rota rumo à cura, à esperança, a um novo caminho.

Depois de quase vinte anos de terapia com a Dra. G. — a melhor psiquiatra e psicóloga que já conheci —, muitos anos de medicação e muita escrita, hoje, na maior parte do tempo, estou bem. E, felizmente, sem medicação. Este poema não fala apenas das dores — mas também da resiliência necessária para romper ciclos e encontrar a saída.

Escrevi este texto para conectar com outras pessoas que também se sintam presas em seus próprios loops. Para oferecer validação — e um convite suave à ação.

Um lembrete de que, mesmo quando a estrada parece infinita, há sempre a possibilidade de mudar o destino.

Há uma saída. Existe, sim, uma *Estrada Para Algum Lugar*.

Se você está passando por depressão, ansiedade, ou qualquer sentimento descrito neste poema, por favor, procure ajuda profissional. Você não precisa enfrentar isso sozinha(o).

Recursos de Apoio Emocional:
Brasil – Centro de Valorização da Vida (CVV)
Ligue 188 — atendimento 24h, gratuito e sigiloso
www.cvv.org.br
Atendimento por telefone, chat, e-mail ou presencial em diversos postos no país.
Portugal – SOS Voz Amiga
Ligue 213 544 545 / 912 802 669 / 963 524 660
Atendimento das 15h às 24h, todos os dias
www.sosvozamiga.org
Ajuda Internacional
www.befrienders.org
https://www.iasp.info/suicidalthoughts/

Reflexão do Leitor

Você já se sentiu presa(o) em um ciclo de pensamentos ou emoções negativas? Que pequenos passos você poderia dar para confiar na sua bússola interior e traçar um novo caminho rumo à cura e à esperança?

(Se você estiver enfrentando qualquer um dos sentimentos mencionados neste poema, por favor, considere buscar ajuda profissional.)

GPS: Estrada Para Algum Lugar

Comece sua jornada na Avenida Esperança —
caminhe com propósito até alcançar a Rua Coragem.
Vire à direita e sinta a firmeza sob seus pés ao subir.
O caminho é íngreme, mas cada passo recompensa com uma
sensação mais profunda de conquista.

Logo, você cruzará a Rua Paciência —
mantenha o ritmo; as curvas são suaves, porém longas.
Olhe ao redor — as árvores aqui são altas, oferecem sombra e
momentos para respirar.

No próximo cruzamento, entre na Alameda Gratidão —
o ar é mais puro aqui, o horizonte se abre largo e acolhedor,
tingido pelo perfume das flores que florescem.
Cada passo alivia um pouco mais o peso do passado.

Após uma curta distância, você encontrará a Avenida Resiliência.
Ela pode parecer longa, mas cada trecho fortalece seu caminhar,
como um músculo que cresce a cada desafio superado.

Ao sair da Resiliência, você encontrará o Boulevard da Confiança.
Vire à direita. Caminhe ereta — essa estrada é pavimentada com
autoconfiança, cada pedra colocada pelos momentos em que você
confiou no seu valor. O caminho se eleva para te receber a cada
passo.

Logo à frente, você encontrará a Trilha da Autoaceitação —
um trecho tranquilo, onde o peso da comparação se desfaz.
Aqui, o vento é suave, carregando sussurros sobre quem você é.
Você anda mais leve, e o julgamento vai ficando para trás a cada
passo.

Siga em frente e logo encontrará a Rua da Autoestima —
uma estrada que parece te erguer a cada passo.
O chão abaixo brilha suavemente,
como se reconhecesse o seu valor.

Cada passo é um lembrete: *você é suficiente.*

 LUCIANA FISHER

Atravesse a Ponte do Perdão —
seu arco gentil se estende sobre águas ondulantes de feridas
passadas.
E ainda assim, a ponte parece leve,
descarregando seus passos e iluminando o caminho adiante.

Depois, passe pelo Círculo da Alegria —
um lugar onde o riso é fácil, a música preenche o ar,
te convidando a girar, a pausar, a se banhar em felicidade antes de
seguir.

Adiante está a Praça da Aceitação, onde tudo começa a se
integrar, onde as peças da sua jornada se encaixam com
suavidade.

Por fim, siga as placas até o Boulevard da Paz.
A estrada se abre larga sob um céu brilhante e infinito,
te guiando com leveza até a Praça da Felicidade — impossível
não perceber.
E ao chegar lá, você entenderá: a jornada era o destino o tempo todo.

GPS: ESTRADA PARA ALGUM LUGAR
POR TRÁS DAS LINHAS

GPS: Estrada Para Algum Lugar é um mapa de esperança e autodescoberta, inspirado na minha própria jornada ao enfrentar os desafios da vida e encontrar paz dentro de mim mesma.

Escrever este poema foi um exercício de reflexão — sobre os pequenos (e muitas vezes difíceis) passos que, somados, conduzem a transformações profundas.

Cada rua e cruzamento representa uma qualidade que me esforcei para cultivar: coragem, paciência, autoaceitação. Cada trecho simboliza marcos do meu processo de amadurecimento e cura emocional.

Rodovias como a Avenida Resiliência e a Ponte do Perdão refletem a força necessária para superar obstáculos e a libertação que vem quando conseguimos soltar a dor. Caminhos como Autoaceitação e Autoestima lembram a importância de acolher quem somos.

Locais como o Círculo da Alegria e a Praça da Aceitação marcam os momentos de leveza e clareza que surgem ao longo do caminho.

Embora meu GPS interno ainda se perca às vezes, hoje passo muito mais tempo nessas estradas. Esse poema é um reflexo do meu percurso atual em direção ao equilíbrio, ao autoconhecimento e à plenitude — uma prova de que, mesmo com desvios, é possível reencontrar o rumo de volta à esperança.

No fim, *GPS: Estrada Para Algum Lugar* é uma celebração da resiliência e da beleza da jornada em si.

O destino não é um lugar físico — é um estado de presença, de inteireza, que cresce com cada passo corajoso.

Espero que este poema inspire quem o lê a confiar no próprio caminho, a enxergar os desafios como parte do crescimento, e a reconhecer que toda estrada — por mais íngreme que pareça — pode levar a um lugar de força, realização e luz.

Reflexão do Leitor

Quais caminhos você já percorreu na sua jornada de crescimento e autodescoberta? Quais trilhas foram desafiadoras — e quais te aproximaram da paz e da plenitude? E se você confiasse mais na sua bússola interior... a que lugar sua própria Estrada Para Algum Lugar poderia te levar?

Com Gratidão

Ao virar a última página, espero que você se lembre disso: a vida, assim como a poesia, é uma jornada de descoberta, resiliência e conexão. Cada capítulo e verso desta pequena coleção de poemas oferece a chance de refletir, crescer e encontrar significado — até nos momentos mais sutis.

Não importa onde você esteja — enfrentando lutas ou celebrando conquistas — saiba que cada passo carrega a promessa de transformação. Você tem o poder de mudar de direção, reescrever sua história e encontrar beleza na singularidade do seu caminho.

Espero que você tenha apreciado este mergulho profundo *Por Trás das Linhas* e dentro do meu processo criativo. Esses poemas não foram escritos apenas para serem lidos — mas para serem sentidos, explorados e compartilhados.

Minha intenção era abrir um diálogo com você, conectar através das palavras e emoções que preenchem estas páginas.

Que estes poemas te lembrem de buscar luz nas sombras, de encontrar força n vulnerabilidade e de confiar nas possibilidades que ainda estão por vir.

A estrada para algum lugar é sua para criar — um passo, uma palavra, um momento, um poema por vez.

Obrigada por caminhar esse trecho ao meu lado. Que você continue explorando, sonhando e vivendo com um coração aberto às possibilidades e uma alma cheia de coragem.

Com gratidão,
Luciana Fisher

Você gostou da leitura? Adoraria te conhecer! Escreva para mim: **hello@lucianafisher.com** ou me encontre no Instagram: **@lbfisher**

Derrame seu coração, viajante da vida.
Deixe que a vulnerabilidade seja sua bússola, seu guia,
Pois é ao compartilhar as profundezas da nossa alma
Que encontramos conexões que nos tornam inteiros
— L.F.

O Que os Leitores Estão Sentindo

Eu amei absolutamente ler seu livro! A estrutura é maravilhosa. A forma como cada poema é seguido por uma reflexão profunda e depois por uma seção de autorreflexão — é um formato tão único. Isso permite que o leitor processe e aprecie a poesia de um jeito totalmente novo. Nunca li um livro assim antes, e acho simplesmente brilhante!

— Shley Angstadt

Luciana abre uma porta larga o suficiente para que entremos no todo de uma vida. Há uma bioluminescência em sua narrativa autobiográfica — seu brilho nos puxa para dentro da essência escura que a envolve: tragicamente alegre em alguns momentos. Este livro não é apenas poesia; é uma aula magistral em narrativa, em reflexões orientadas e numa trama não linear de memória e legado. Educa e eleva.

— Aleem Abdal-Khaaliq

Fui levada por uma jornada emocional própria enquanto lia sobre a sua. Você é corajosa por meio da vulnerabilidade, e me inspirou — assim como inspirará todos que lerem suas palavras. Eu gostei especialmente do componente interativo do livro, porque ele cria uma intimidade entre você e o leitor. É realmente genial! O seu não é 'apenas' um livro de poesia, mas uma experiência poética. Parabéns, Luciana.

— Susan Brumel

Copyright © 2025 Luciana Fisher LLC.
Operated by Luciana Fisher.
Todos os direitos reservados
Publicação: Ink, Fire & Rebellion
Standard Address Number (SAN): 994-3277
ISBN: 979-8-9992954-1-5

Fundo Beneath the
Surface de Luciana Fisher
para Sobrevivência & Neurodivergência

Uma parte da receita líquida de cada venda qualificada apoia causas relacionadas ao câncer de mama e à dislexia/ neuro divergência, em caráter perpétuo, conforme estabelecido no Acordo Operacional legalmente vinculativo da Luciana Fisher Ltda.